Paris

1818

Ganilh, Charles

Réfutation de deux écrits anonymes, sous le titre, l'un d'Eclaircissemens sur les lois, les budgets et les comptes

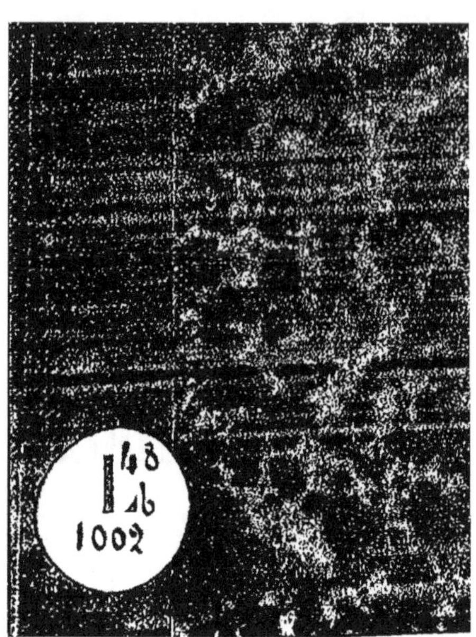

RÉFUTATION

DE

DEUX ÉCRITS ANONYMES.

RÉFUTATION

DE DEUX ÉCRITS ANONYMES,

SOUS LE TITRE :

L'un d'ÉCLAIRCISSEMENS sur les Lois, les Budgets et les Comptes de Finance ;

Et l'autre d'*ERRATA* de Quelques Brochures sur les Finances ;

TOUS DEUX

EN RÉPONSE A L'ÉCRIT SUR LA LÉGISLATION, L'ADMINISTRATION ET LA COMPTABILITÉ DES FINANCES.

PAR M. GANILH, Député du Cantal.

Rien n'est si dangereux qu'un ignorant ami :
Mieux vaudrait un sage ennemi.

LAFONTAINE.

PREMIÈRE PARTIE.

PARIS,

Chez DETERVILLE, Libraire, rue Hautefeuille, n.° 8.

IMPRIMERIE d'ABEL LANOE.

1818.

OBSERVATIONS PRÉLIMINAIRES.

Dans les premiers jours de novembre dernier, je publiai un écrit sur les vices *de la législation, de l'administration et de la comptabilité de nos finances depuis la restauration*, et sur les moyens de réforme et d'amélioration de ces trois parties fondamentales de notre système financier. J'en avais le droit comme tout Français; c'était, de plus, un devoir pour moi comme député.

Mais, loin de me prévaloir de l'indulgence qu'on est toujours disposé à accorder à l'homme public qui défend les intérêts qui lui sont confiés, j'avais senti que ce caractère honorable m'imposait des obligations encore plus sévères, et que je ne pouvais les remplir dans toute leur étendue que par un respect scrupuleux pour la vérité, par une sage modération dans sa manifestation, et par les égards et les ménagemens qui sont dûs aux personnes qui ont été ou qui sont honorées d'une grande confiance, investies d'un grand pouvoir, et chargées des grands intérêts de l'Etat.

Pénétré de ces sentimens, je ne m'étais permis que les critiques autorisées par les comptes et les états publiés par le gouvernement, et l'exactitude de mes citations a dû garantir la droiture de mes intentions.

Je n'avais pas été moins réservé dans mes vues de réforme et d'amélioration : je n'avais présenté que celles qui étaient justifiées par l'expérience du peuple le plus célèbre dans l'administration des finances.

J'avais même renoncé à profiter des avantages que j'aurais pu tirer des principes, des doctrines et des opinions des écrivains les plus recommandables et les plus accrédités en cette matière. Je savais que nos feseurs en finance ont horreur des livres et des auteurs, et ne négligent rien pour inspirer l'effroi des théories. Ils regardent encore Sully, Colbert et Turgot, comme des théoriciens, des rêveurs, des idéologues ; ils ne soupçonnent pas que la science qu'ils pratiquent avec tant d'orgueil n'est que l'application des théories enseignées par ces grands hommes. Les tirer de leur erreur est impossible, et j'avais cru les désarmer en ne les importunant point de sciences qui leur sont étrangères.

Enfin, je puis me rendre le témoignage, que, malgré tout ce que je devais à la vérité, je n'en avais pas tiré toutes les conséquences, lorsqu'on aurait pu penser qu'elles étaient dirigées contre les personnes.

Malgré tant de précautions, de soins et de sacrifices, je ne me flattais pas d'échapper au ressentiment de l'amour-propre blessé, des intérêts froissés et de l'ambition traversée. Je m'attendais à une lutte vive et pressante; mais loin de m'en effrayer, je m'en applaudissais, parce que je me persuadais qu'elle répandrait d'utiles lumières sur la direction et la conduite de nos finances.

On peut juger de ma surprise quand j'ai vu distribuer avec profusion un écrit anonyme, annoncé sous un titre obscur, dicté à une plume mercenaire, et dirigé plutôt contre l'auteur dont on voulait se venger, que contre l'ouvrage qu'on paraissait vouloir réfuter.

Dans un avertissement non moins bizarre qu'incohérent, l'anonyme affecte ou parle le langage imposant de l'administration, se fait l'interprète de ses sentimens, de ses vues, de ses dispositions, de ses succès et de ses espérances, et censure vivement les écrivains « qui, trop impa» tiens de cette célébrité facile que » procure toute agression dirigée

» contre l'autorité, blâment, hors
» de propos, des opérations irrépro-
» chables et même des institutions
» dignes de louanges ; et ceux qui,
» fort éclairés d'ailleurs, mais peu
» versés dans les procédés de l'admi-
» nistration, se méprennent sur les
» résultats mêmes qu'elle publie, dé-
» nonçant des griefs chimériques de
» la meilleure foi du monde et sans
» autre vue que celle d'être utiles. »

De ce dogmatisme prophétique, l'anonyme descend à la réalité de ses prophéties, et ses allusions générales finissent par des assertions dirigées contre l'auteur qu'il veut combattre. Il annonce que « cet auteur a fait des
» calculs erronés en voulant redresser
» ceux du ministre ; qu'il a confondu
» des recettes avec des paiemens,
» qu'il a réuni ensemble des résultats
» différens, enfin qu'il a additionné
» deux fois la même somme dans un
» même total. Nous ne ferons, ajou-
» te-t-il, que constater arithméti-

» quement ces petites déviations fi-
» nancières, mais nous ne perdrons ja-
» mais de vue les ménagemens qu'on
» doit aux bonnes intentions dont
» l'auteur était sans doute animé. »

Ce ton à-la-fois absolu et nuancé de modération, à peine tolérable dans un écrivain célèbre dans l'administration par ses lumières, son expérience et ses services, est tout-à-fait risible dans un inconnu qui n'ose ni se nommer, ni s'accréditer, ni invoquer aucun titre à la confiance publique ; qui s'en montre assez peu digne pour manquer aux égards et aux convenances qu'il avait promis de respecter ; qui salit d'injures dégoûtantes les pages et les lignes de son écrit, s'érige en juge quand il s'est constitué partie, et donne à ses décisions l'autorité de l'infaillibilité.

Mes amis me conseillaient de ne pas répondre à cette œuvre combinée par l'intérêt, le ressentiment et l'intrigue ; mais pouvais-je laisser échapper l'occasion qu'elle m'offre de constater en quelque sorte contradictoirement, les vices que j'ai reprochés à l'administration de nos finances. Jusqu'ici ils n'étaient pour ainsi dire garantis que par mes assertions, tant il était difficile de vérifier les preuves qui les établissent ; tout le monde souhaitait et je souhaitais avec tout le monde, que la contradiction vînt les confirmer ou les détruire. Cette contradiction existe enfin, non telle que j'avais droit de l'attendre et telle qu'elle était due aux Chambres et au public ; mais enfin dans sa difformité même, elle suffit pour produire l'évidence des vérités que j'ai dévoilées. Cette récompense de beaucoup de travail suffit pour me faire supporter les dégoûts dont il faudra m'abreuver avant de l'obtenir ; mais ce dernier sacrifice ne peut ni ne saurait m'arrêter.

Ma marche sera simple et facile à suivre par tout lecteur attentif.

Je reproduirai littéralement chaque chapitre de l'ouvrage que j'ai publié ; j'indiquerai en marge les passages critiqués, avec un renvoi à l'appendice qui suivra chaque chapitre, et dans lequel je ferai l'extrait des critiques particulières à chaque chapitre, et les réfuterai.

Si je ne m'abuse point, cette disposition, rapprochant l'ouvrage, la critique et la réfutation, offrira tous les moyens de se former des notions exactes et sûres de tous les points controversés, et d'apprécier les grands intérêts qu'ils embrassent.

RÉFUTATION

DE DEUX ÉCRITS ANONYMES,

TOUS DEUX

En Réponse à l'Écrit sur la Législation, l'Administration et la Comptabilité des Finances.

CHAPITRE PREMIER DE CET ÉCRIT.

De la loi des finances, relative à l'exercice des neuf derniers mois 1814.

CETTE loi est surtout remarquable par l'attention particulière qu'elle donna au paiement de l'*arriéré* ou la dette du dernier Gouvernement.

L'arriéré, objet principal de cette loi.

Elle évalua la partie exigible de cette dette à...................... 817,447,000 fr.

L'arriéré exigible fut divisé par le ministre en deux parties, savoir :

Rapport au Roi inséré dans le budget de 1814, états n.os 14 et 15.

Dettes des ministères.....	643,940,000 fr.
— Des caisses du trésor...	173,507,000
Total.........	817,447,000

De l'autre part.......	817,447,000
Le ministre déduisait de cette somme l'arriéré de la dette publique..................	46,000,000
Il proposait de la comprendre dans les paiemens à faire pendant les neuf derniers mois 1814..................	771,447,000
Enfin il déduisait les valeurs actives du dernier gouvernement..................	12,282,000
Ce qui réduisait l'arriéré passif exigible (1), à..........	759,165,000

Cette évaluation était au moins bien hasardée, puisque après deux années de liquidation, avec tous les moyens de paiement, on n'avait payé, au 1.er août 1816 (2) que.... 162,100,821 fr.

Les autres créanciers ont été tellement négligens de leurs intérêts, ce qui n'est pas ordinaire, qu'il a fallu leur prescrire un délai dans lequel ils seront tenus de produire leurs titres de créance, sous peine de déchéance.

Où était donc l'obligation ou l'avantage de transformer une dette hypothétique en une dette réelle, de la placer au rang des dettes exigibles,

(1) Voyez le § I de l'appendice 1.° page 13.

(2) *Ibid.* 2.° page 15.

et de prendre tous les moyens de la payer? L'envie de payer ce qu'on doit est fort louable en soi; mais n'est-ce pas une illusion, pour ne rien dire de plus, que de l'étendre sur des dettes vraisemblables ou possibles. Il est aussi nuisible aux peuples qu'aux particuliers d'être placés, par supposition, dans un état de gêne et de détresse. Leur crédit en souffre également, et l'atteinte qu'il en reçoit paralyse leurs facultés, et les condamne à de plus grandes misères que celles qui devaient résulter de leur véritable situation.

Si l'on se montra beaucoup trop facile dans l'évaluation de la dette du dernier Gouvernement, on ne se piqua point d'une grande sévérité dans l'appréciation des valeurs qu'il avait laissées pour les payer.

La loi ne les porta qu'à la modique somme de........................ 12,282,000 f.

Il est cependant certain qu'au 1.er août 1816, ces valeurs avaient produit au trésor 188,000,000 f.

Le ministre s'exprimait en ces termes sur ces valeurs :

Rapport au Roi, inséré dans le budget de 1817, p. 41 du rapport.

« Nous avons vainement cherché des ressour-» ces dans les budgets des exercices antérieurs; il » a été démontré qu'ils ne présentent aucun es-» poir de recouvrement.

» L'actif des caisses du ministre des finances » ne renfermait en valeurs réelles que des sommes

» insignifiantes dont nous avons indiqué l'em-
» ploi; c'étaient les 12,282,000 fr.

Il est difficile de n'être pas frappé de cette tendance à exagérer l'arriéré, et à atténuer les moyens de le payer.

Je ne puis me refuser ici à une réflexion pénible, mais utile.

Fausses mesures qu'il nécessita.

N'est-il pas étrange (1) que, dans le moment où l'on avait des moyens plus que suffisans pour couvrir la dette apparente du dernier Gouvernement, lorsqu'il était impossible de se former une idée même approximative de sa dette réelle et effective, on ait réalisé un plan pour la liquidation et le paiement de cette dette supposée de 800 millions; qu'on ait demandé et obtenu l'autorisation de vendre 300,000 hectares de forêts de l'Etat, valant au moins.... 200,000,000 f.

De disposer des biens des communes, vendus et à vendre, et évalués à................ 110,277,644

Et d'imposer extraordinairement sur les peuples une contribution de 70 millions par an, qui devait se prolonger pendant trois ans, et qui eût donné... 210,000,000

Total......... 520,277,644 f.

De sorte que si les événemens n'avaient pas

(1) *Ibid.* 3.º page 15.

dérangé ce plan, le trésor aurait eu à la fin des trois années, terme marqué pour son exécution, l'énorme somme de 4 à 500 millions, dont il n'aurait su que faire.

Un tel ordre de choses doit convaincre les plus incrédules, que les lumières de la théorie n'ont pas encore exercé une grande influence sur nos méthodes financières.

Au reste, dans l'évaluation des dépenses et des moyens d'y pourvoir, pendant les neuf derniers mois 1814, on ne se montra ni plus réservé ni plus scrupuleux que dans l'évaluation de l'arriéré actif et passif (1).

Exagération des dépenses des 9 derniers mois, de 1814.

La loi des finances évalua les dépenses des derniers mois 1814, à........ 674,534,000 f.

Elles ne se sont élevées qu'à 609,394,000

Exagération............. 65,140,000

Atténuation des ressources destinées à y pourvoir.

La même loi évalua les produits de toute nature à 442,928,000

Ils ont donné... 560,055,255

Atténuation.. 117,127,255 117,127,255

Enfin si l'on ajoute à ces erreurs l'omission des valeurs actives du dernier Gouvernement, 175,881,533

(1) Voir le § II de l'Appendice, 1.° page 24.

Il est évident que le budget des neuf derniers mois 1814 exagéra les besoins et atténua les ressources de.............. 358,148,788

Les recouvremens (1) du Trésor furent proportionnés à la grandeur des ressources que la loi des finances avait mises à sa disposition. Du 1.er avril 1814 au 20 mars 1815, ils s'élevèrent en numéraire à................ 740,138,331 f.

Les recettes du 1.er avril 1814 au 20 mars 1815, excédèrent les paiemens faits pendant la même époque.

Dans la même époque, le Trésor paya en numéraire 681,644,464

D'où il suit que les recettes en numéraire excédèrent les dépenses de la même nature, de..... 58,493,877

Malgré l'excédant des recettes sur les dépenses, on voit, dans les comptes publiés par le gouvernement, que dans le même espace de temps le Trésor emprunta, par des émissions de valeurs ou autrement, la somme de.... 277,886,329

Et cependant émission et remboursement de près de 600 millions de valeurs du trésor.

Sur laquelle il remboursa.. 260,867,935

De sorte qu'il contracta une dette de.................. 17,018,394

(1) Voyez le § II de l'appendice, 2.°

Ci-contre	17,018,394
D'un autre côté l'excédant de la recette en numéraire était de	58,493,867
Enfin ses valeurs en circulation se montaient à..........	79,391,627
Par conséquent son solde au 20 mars 1815 aurait dû être de	154,903,888
Les comptes (1) ne le portent cependant qu'à.............	70,945,267

Déficit sur le solde de ses caisses.

---

(1) Voyez le résumé, page 7.

On y rend compte des recettes en espèces et en valeurs, et des dépenses dans l'un et l'autre mode, faites par le Trésor, depuis le 30 avril 1814, jusqu'au 20 mars 1815; mais ce qu'on y dit ne s'accorde point avec les comptes. En voici un exemple frappant.

D'après la comparaison que ce résumé fait des recettes et des dépenses, le solde ne devrait être que de . . . . 46,189,943.

Et cependant le résumé dit qu'il y avait au 20 mars, en caisse et en portefeuille . . . . 74,428,258.

Et l'état général des comptes, page 34, ne porte ce solde qu'à . . . . 70,945,267.

Ces variantes dans un compte, n'autorisent-elles pas le doute, et ne justifient-elles pas l'assertion qu'on lit dans le texte, que les comptes ne donnent pas l'emploi des 84 millions.

Il y a donc entre les recettes et les dépenses de la trésorerie, depuis le 1er. avril 1814 jusqu'au 20 mars 1815, un déficit de.... 83,958,621

Ce déficit ne peut s'expliquer par les comptes de la trésorerie que le Gouvernement a publiés, et ce serait perdre son temps que de chercher à suppléer par des conjectures aux faits qui nous manquent.

Que ce déficit soit ou non réel, ce n'est pas là ce qui doit m'occuper; je n'ai ni la prétention ni les moyens d'apurer les comptes publiés par le gouvernement : ce soin regarde les Chambres, et j'ai la conviction qu'elles ne le négligeront pas.

Je ne cherche dans les comptes que les faits qui peuvent éclairer la marche de la législation de nos finances, régulariser sa direction, et affermir ses principes.

Or, que voit-on dans la période des comptes qui s'est écoulée du 1.er avril 1814 au 20 mars 1815? J'y remarque un fait de la plus haute importance (1).

---

(1) Voyez le paragraphe III de l'appendice. page 34.

C'est l'émission et la rentrée de près de 45 millions de valeurs du trésor par mois.

Résultat de l'exécution de la loi des finances pour les neuf derniers mois de 1814

Cette circulation était-elle commandée par le besoin ou la nécessité? Non; car les recettes faites pendant cette époque ont surpassé les dépenses de plus de 58 millions.

Quelle pouvait donc être l'utilité de cette immense circulation? Il n'est pas facile de la découvrir : on est moins embarrassé pour en signaler les inconvéniens et le dommage.

Il est évident que le trésor ne pouvait faire circuler sur la place 45 millions de valeurs par mois, sans déprécier les autres valeurs qui y cherchaient un écoulement, sans opérer une baisse dans le cours des effets publics, sans élever l'intérêt au-dessus de son taux naturel.

Vainement le trésor ouvrait ses caisses pour arrêter ou réparer les fâcheux effets de ses inutiles émissions; le contre-poison ne détruit pas toutes les traces du poison. L'agitation produite par les émissions n'était pas appaisée par le remboursement; les pertes souffertes par ceux qui avaient eu besoin de négocier dans le moment de l'émission n'étaient pas compensées par les bénéfices de ceux qui profitaient des remboursemens effectués par le trésor; tout ce mouvement jetait le désordre dans les affaires, et leur faisait courir des chances qui leur sont toujours funestes.

Etait-ce donc par ces marches et ces contremarches des valeurs du trésor, que le ministre des finances se flattait de fonder le crédit public? Etait-ce là le levier puissant avec lequel il devait soulever le fardeau de l'immense arriéré

de	800,000,000 f.
Et du déficit des recettes sur les dépenses, évalué à.......	231,606,000
Total...........	1,031,606,000

C'eût été là, sans doute, un beau prodige en finances. On y crut, et l'on n'est pas encore détrompé, tant les hommes ont de penchant à la crédulité; tant il est facile de leur en imposer par l'exagération et le gigantesque.

Mais que dira-t-on, lorsqu'on verra que pendant que le ministre annonçait les prodiges qu'il devait opérer par le crédit, et qu'on applaudissait à la grandeur de ses conceptions, il prenait tous les moyens pour se passer du crédit, se créait des ressources supérieures à ses besoins, et non-seulement n'a jamais eu besoin de recourir au crédit, mais même a eu à sa disposition 58 millions au-delà de ses besoins effectifs. Ce fait n'explique-t-il pas clairement les résultats des opérations de cette époque, et persistera-t-on encore à y voir autre chose que les effets de l'abondance des tributs publics, et de leur excédant sur les dépenses.

Que si l'on se demande quels avantages sont résultés d'un système de finance, bâsé sur le crédit et exécuté avec les seuls tributs des peuples, on ne peut se dissimuler que l'exagération des besoins, que l'atténuation des ressources, que le mouvement inutile des valeurs du trésor, furent très-onéreux aux contribuables, préjudiciables à la fortune publique, et subversifs de toute prospérité.

Ils occasionnèrent des impôts extraordinaires dans un moment où les peuples étaient épuisés par l'invasion des armées de toute l'Europe; dans un moment où les contribuables avaient besoin de toutes leurs ressources pour réparer les pertes et les désastres de cette invasion; dans un moment où ces dévastations et ces spoliations avaient porté une atteinte funeste au travail et à la reproduction. S'il était besoin de prouver la vérité de ces déplorables résultats, j'invoquerais les produits de l'enregistrement en 1813 et en 1814, qui, par leur comparaison, démontrent jusqu'à l'évidence que les charges imposées aux peuples dépassèrent tellement leurs moyens, qu'un très-grand nombre de contribuables ne put les acquitter qu'avec ses capitaux. Symptôme assuré de la détresse des contribuables et de la décadence de la richesse nationale.

Il est vrai, et je dois convenir, qu'à cette époque on se trouvait dans des circonstances si extraordinaires, qu'il était impossible que le ministre et les Chambres donnassent à leurs calculs et à leurs mesures toute la précision, toute la rectitude qu'ils leur auraient données dans des temps ordinaires.

Aussi n'est-ce pas des torts que je cherche, mais des faits que je constate, des résultats que je précise, des conséquences que je tire dans l'intérêt du peuple et de la science.

APPENDICE

DU CHAPITRE PREMIER.

Le chapitre I.er a été critiqué dans ce qu'il dit :

De l'arriéré antérieur au 1.er avril 1814;

De la fixation des recettes et des dépenses des neuf derniers mois 1814 ;

Du solde des recettes et des dépenses du trésor du 1.er avril 1814 au 20 mars 1815 ;

De l'émission et du remboursement des valeurs du trésor pendant la même période.

Je vais examiner, dans un paragraphe séparé, chacun des points critiqués.

§ I.er.

Arriéré antérieur au 1.er avril 1814.

1.° « Ce n'est point, dit l'anonyme, à 817, c'est à » 759 millions que l'arriéré avait été évalué par la loi » du 23 septembre 1814; l'auteur de l'objection le sait

» fort bien, comme on le voit dans la note pag. 158 (1);
» mais il a voulu prouver par lui-même que la ressource des exagérations séduit en effet les hommes qui posent des chiffres, et il est tombé dans la faute qu'il s'occupait à relever. Page 12. »

L'anonyme ne débute pas dans sa critique par la bonne foi et la loyauté; poursuivons :

« Il (M. G.) a donc sciemment enflé son évaluation » de deux sommes; l'une de 46 millions, et l'autre de » 12,282,000, ensemble 58,282,000, qui ne devaient » point entrer dans son calcul. Car à quoi tend-il? à » prouver que l'administration des finances demanda, » en 1814, des ressources trop considérables pour solder l'arriéré. Or, il est de fait que le budget du 23 » septembre excepta formellement de cette demande » de ressources les 58,282,000, attendu qu'il y avait » pourvu par d'autres moyens. Page 12. »

Que répondre à cette première accusation de l'anonyme? Pas autre chose, sinon que je n'ai rien dit de ce qu'on me fait dire, et que je n'ai pas même pensé ni pu penser à ce que l'on m'impute. Le lecteur peut s'en convaincre en se reportant à la partie du chapitre 1.er, relative à l'ar-

---

(1) Cette note est maintenant rétablie dans le texte, et ce déplacement doit prouver que non-seulement je savais, mais même *que j'ai dit*, que l'arriéré était réduit à 759 millions.

riéré. Il y verra que j'ai dit littéralement ce qu'on prétend que je n'ai pas dit. Tout ce que j'ai dit à cet égard, et tout ce que j'ai voulu dire, c'est que l'évaluation de l'arriéré à 817 millions était du moins bien hasardée, puisqu'après deux années de liquidation on n'avait payé au 1.er août 1816 que 162 millions.

2.° « On pourrait répondre, dit l'anonyme, que le » retard apporté au paiement d'une dette n'est pas » une preuve *qu'elle n'existe plus*. Ainsi de ce que » l'on n'avait soldé que 162 millions le 1.er août 1816, » il n'en résulte pas rigoureusement que le 1.er avril » 1814, on s'était mal à propos cru débiteur de 817 » millons. Page 12. »

Aussi n'ai-je pas tiré cette conséquence du fait que j'ai rapporté, et que l'on ne conteste pas. Ma conséquence est toute autre; mais il était bon de me faire déraisonner. L'anonyme ne s'est pas cependant mépris sur cette conséquence; car voici comment il y répond.

3.° « A en juger par la conclusion de ce passage, on » croirait que l'administration des finances *aurait réalisé immédiatement* un recouvrement de 520 mil» lions, qui se serait trouvé tout à-coup dans les cais» ses. Cependant, à lire les prémisses de ce raisonne» ment, on voit qu'il s'agit de différentes ressources » d'une *réalisation tardive*, et notamment de trois » excédens de recette, chacun de 70 millions, sur les » budgets de 1815, 1816 et 1817.

» Mais alors n'est-il pas évident que si la prétendue
» exagération des charges de l'arriéré eût dû en effet
» se manifester plus tard, ces surcroîts annuels de con-
» tributions n'eussent plus été nécessaires, et par con-
» séquent n'eussent pas été imposés. Peut-on raisonna-
» blement accuser la prévoyance d'une administration
» qui avait non pas *réalisé* (comme on le dit très-
» improprement), mais *préparé* de telles ressources,
» lorsque de tristes événemens les ont rendues depuis
» fort insuffisantes, et lorsque, dans l'hypothèse même
» qu'on se forge à plaisir, le cours naturel des choses
» eut restreint ces ressources au strict nécessaire?
» Enfin, n'est-ce pas mutiler à la fois les principes et
» les faits que d'avancer qu'une prévoyance qui crée
» à l'état des ressources même surabondantes a pour ré-
» sultat d'affaiblir le crédit public? Telle est cependant
» la théorie qui règne dans la brochure de M. G.,
» pag. 13 et 14. »

Si le lecteur veut bien comparer ce que l'anonyme me fait dire avec ce que j'ai dit : Quelle ne sera pas sa surprise!

Je n'ai dit ni proprement ni improprement, que l'administration des finances *aurait réalisé immédiatement* un recouvrement de 520 millions, mais seulement qu'elle *avait réalisé un plan* pour la liquidation et le paiement d'une dette supposée de 800 millions, et la conséquence que j'ai tirée de ce fait est que si les événemens n'avaient pas dérangé *ce plan*, le trésor aurait eu, à la fin des trois années, terme marqué pour son exécution, l'énorme somme de 4 à 500 millions, dont il n'aurait su que faire.

L'anonyme nous dit ingénument que si la prétendue exagération des charges se fût manifestée plus tard, ces surcroîts annuels de contributions n'eussent plus été nécessaires, et par conséquent n'eussent plus été imposés.

Mais l'anonyme *qui suit si attentivement ce qu'a fait et publié l'administration des finances depuis* 1814, ne sait-il pas que, pendant les trois années qui se sont écoulées, depuis la loi du 23 septembre 1814, on n'a ordonnancé sur le prétendu arriéré de 800 millions que 242 millions.

De sorte que pendant ces trois années, on aurait eu des motifs suffisans, tirés de la disproportion de la dette liquidée avec la dette évaluée pour continuer la perception des surcroîts annuels de contribution.

Et d'ailleurs où l'anonyme a-t-il vu qu'on peut imposer des contributions sur le peuple pour acquitter des dettes inconnues, sauf à supprimer ces contributions si la dette n'existe pas. C'est cette doctrine malheureusement en vigueur dans l'administration de nos finances, depuis un certain ministère, doctrine ruineuse, oppressive et anti-financière, que j'ai attaqué dans l'ouvrage combattre, et que les chambres doivent repousser et proscrire.

Créer à l'état des ressources surabondantes, comme le dit l'anonyme, c'est non-seulement affaiblir le crédit public, mais même c'est le tuer, parce qu'il ne peut vivre que de la prospérité publique, prospérité impossible dans un pays où l'administration des finances crée à l'État des ressources surabondantes.

» Quoi qu'il en soit, dit l'anonyme, recherchons un » peu sur quel enchaînement de calculs est établie cette » inconcevable supposition que les ressources créées en » 1814, pour solder l'arriéré, eussent produit, en » 1817, un excédant sans emploi de 500 millions.

» D'après la note de l'auteur, page 157, l'arriéré des » ministères était évalué à . . . . 643,940,000.

» Et l'arriéré des caisses à . . . . . 173,507,000.

Total . . . . . 817,447,000.

» On pouvait, suivant lui, solder l'arriéré des caisses » avec une ressource plus que suffisante de 188 millions qui se trouve en dehors des budgets, et alors » on n'aurait plus eu à s'occuper de la dette des ministres, 643,940,000.

» Mais il est tellement frappé de l'exagération de » cette dette, que ses idées sur la manière de l'éteindre perdent tout à coup la lucidité qui le caractérise. » Voici le sens de sa conclusion.

» Vous eussiez eu en trois ans une ressource de » 510,277,644.

» Et comme cette dette était exagérée, il vous serait

» resté après son acquitement un excédant de 4 à 500
» millions.

» S'il y a quelqu'un au monde qui entende cette lo-
» gique, nous regarderons cela comme un miracle.
» Voilà pourtant ce que l'auteur appelle modestement
» les lumières de la théorie! Voilà ces grandes vues qui
» manquent à l'administration, et qui, lorsqu'elles lui
» sont suggérées par des écrivains profonds, ne par-
» viennent point à exercer d'influence sur nos métho-
» des financières! »

Lecteur, vous avez sous vos yeux les pages 14 et 15 de mon ouvrage, desquelles l'anonyme fait résulter toutes les absurdités qu'il me prête, et vous pouvez juger si elles sont de lui ou de moi.

Mais qu'il me soit permis de reproduire ma pensée que l'anonyme feint de ne pas comprendre afin de la dénaturer.

Le ministre, qui prit en 1814 l'administration de nos finances, crut devoir jeter dans l'arriéré la dette du dernier gouvernement, et sans en avoir la moindre notion, il l'évalua à 817 millions.

Quant aux créances actives de ce gouvernement, il s'exprima en ces termes :

Nous avons vainement cherché des ressources dans les budgets des exercices antérieurs, il a été démontré qu'ils ne présentent aucun espoir de recouvrement.

L'actif des caisses du ministre des finances ne renfermait en valeurs réelles que des sommes insignifiantes dont nous avons indiqué l'emploi.

C'était une somme de 12,282,000.

Lorsque je vis dans les comptes de la gestion des finances pendant les neuf derniers mois 1814, et pendant l'année 1815, que cet actif si déprécié avait produit au 31 décembre 1815 une somme de 188 millions,

Somme de beaucoup supérieure à celle qui avait été payée pendant la même période, sur l'arriéré passif, et qui ne s'élevait qu'à 162 millions,

J'en tirai la conséquence que si le ministre avait appliqué l'actif du dernier gouvernement à payer son passif, on aurait pu ne pas entendre parler d'arriéré jusqu'en 1816, et même que pendant cette année il n'aurait fallu que de très-légers secours pour couvrir les liquidations effectuées pendant cette année. Je ne dévelopai cependant pas les avantages de cette conduite; je ne voulus pas qu'on pût m'accuser d'en vouloir aux personnes, et pour qu'on ne se méprit pas sur mes intentions, je dis page 22 :

Aussi ce n'est pas des torts que je cherche, mais des faits que je constate, des résultats que je précise, des conséquences que je tire dans les intérêts du peuple et de la France.

Je veux bien n'en pas savoir plus sur l'anonyme qu'il ne veut nous en dire, mais il doit convenir qu'il m'était dû peut-être quelques ménagemens, puisqu'on n'était pas capable de reconnaissance.

L'anonyme en vient enfin aux chiffres, et voici comment il raisonne sur les 188 millions qui, suivant moi, formaient les créances actives du dernier gouvernement, et qui, suivant lui, se réduisaient à 12,282,000.

« On ne se serait pas attendu, dit-il, à voir comparer une solde matériel de 12 millions, trouvé dans » les caisses à une certaine époque, avec 188 millions » de recouvremens *qui ont été faits deux ans après.* » (page 15) ».

Où l'anonyme a-t-il vu cette comparaison qui le choque? Il cite la page 14 de mon ouvrage, et je défie qui que ce soit de l'y trouver. Comment n'a-t-il pas senti que dès qu'il était forcé de convenir que les recouvremens de 188 millions avaient été effectués au 31 décembre 1815, époque à laquelle on n'avait payé sur l'arriéré que 162 millions, mon argument restait dans toute sa force.

« Mais, dit l'anonyme, s'il faut en croie M. G. » toutes ces ressources avaient été dissimulées dans le » budget de 1814

Et il consacre une page in-4.° a prouver ce fait incontesté.

Quel avantage peut-il donc trouver à créer des objections pour les réfuter! Se flatterait-il de persuader que l'objection est de moi et la réfutation de lui ? quelle pauvre tactique, et qu'il connait mal le public, son juge et le mien !

Il continue et dit :

« En définitive, toutes les ressources dont il (M. G.)
« a composé son total de 188 millions, avaient été pré-
« vues et mentionnées dans le budget de 1814; mais
« comme elles y avaient deux destinations particu-
» lières, l'une de compenser les non-valeurs résultantes
« de l'invasion, et l'autre de solder l'arriéré, elles n'a-
« vaient pas dû être tirées en ligne dans le budget du
« service ordinaire des neuf derniers mois. Page 17. »

Cette réponse est-elle tolérable, quand on sait que le budget avait réduit l'arriéré actif du dernier gouvernement à 12,282,000.

Et d'ailleurs c'est le changement de destination des 188 millions que j'avais critiqué dans mon ouvrage, et c'est par conséquent cette critique qu'il aurait fallu combattre si l'on avait voulu me réfuter, et c'est ce qu'on n'a pas fait.

Je persiste donc à croire et à dire, qu'employer les valeurs de l'arriéré actif à une autre destination qu'au paiement de l'arriéré passif, substituer à un fonds réel et effectif les obligations du trésor portant 8 pour cent par an, et remboursables dans trois ans, c'était se jouer des créanciers pour lesquels on affectait une si grande prédilection ; c'était opposer un obstacle insurmontable au rétablissement du crédit public pour lequel on fesait de si grands sacrifices ; c'était en un mot insulter à la foi publique dans le moment même où on lui prodiguait les sermens les plus solennels.

L'anonyme n'a donc porté aucune atteinte à ce que j'avais dit sur l'arriéré antérieur au 1.er avril, et je puis dire avec confiance : *ma remarque subsiste.*

Voyons s'il sera plus heureux dans sa critique de la partie de l'ouvrage relative à la fixation des besoins et des ressources de l'exercice des neuf derniers mois 1814.

§. II.

De la fixation des besoins et des ressources de l'exercice des neuf derniers mois 1814.

Voici ce que j'ai dit sur ce point dans le chapitre 1.er de mon ouvrage. (1)

La loi des finances évalua les dépenses des neuf derniers mois 1814, à........ 674,534,000

Elles ne se sont élevées qu'à 609,394,000

Exagération.............. 65,140,000

(1) Voyez dans le chapitre premier la page 5.

La même loi évalua les produits de toute nature à.	442,928,000	
Ils ont donné	560,055,255	
Atténuation	117,127,255	117,127,255
Enfin si l'on ajoute l'omission des valeurs actives du dernier gouvernement		175,881,533
Il est évident que le budget des neuf derniers mois 1814 exagéra les besoins, et atténua les ressources de		358,148,788

Que répond l'anonyme à cette accusation grave, et ce semble assez bien fondée?

« Que le legislateur des finances s'anime lui-même » par le succès de ses premières découvertes, Heureux » si son arithmétique ne se troublait pas à mesure que » sa verve s'échauffe. Page 17. »

L'anonyme aurait dû au moins convenir que ma verve n'avait pas troublé mon arithmétique, par rapport à l'exagération des 65 millions sur les dépenses; puisqu'il en est réduit à excuser cette exagération. Voici ce qu'il dit sur ce point.

« Tout le monde conçoit qu'ayant à présenter un » nouveau budget d'environ 600 millions sur les débris » d'un service qui venait de s'élever à 1,245 millions,

» il n'était guère possible d'établir rigoureusement les
» services de chaque département, et en particulier de
» celui de la guerre, dont les élémens n'étaient point
» encore recomposés. On put donc alors se méprendre
» de 65 millions sur l'évaluation totale. Page 18. »

Si j'étais aussi difficile que le ton de l'anonyme me donne le droit de l'être, je pourrais bien ne pas me contenter de son excuse, et peut-être aurait-on le droit de s'étonner que le ministre, ayant mis à l'arriéré toute la dépense antérieure au 1.er avril 1814, n'eût pas, après quatre mois d'administration, réglé avec précision les dépenses d'un exercice dont quatre mois étaient écoulés, et cinq restaient à s'écouler.

Mais je veux bien ne pas me prévaloir de ces considérations : j'accepte l'excuse, et je dirai plus, je ferai remarquer que je l'avais prévenue, lorsque j'avais fait observer dans mon ouvrage, « qu'on se trouvait dans des circonstances si extraordinaires, qu'il était impossible que le ministre et les Chambres donnassent à leurs calculs toute la précision et toute la rectitude qu'ils leur auraient données dans des temps ordinaires », page 22.

Si donc l'anonyme est forcé de reconnaître l'exagération des dépenses de l'exercice des neuf derniers mois de 1814; s'il croit pouvoir l'excuser par les circonstances, comment a-t-il pu se permettre de dire:

» Que cette exagération a été, sinon salutaire, du
» moins sans conséquences fâcheuses, qu'il pourrait
» même ajouter pour la justifier, s'il en avait la mis-
» sion, que les dépenses réelles de la guerre sur 1814
» ont atteint probablement les évaluations du budget, mais qu'une partie *ayant été soldée plus tard*,
» a sans doute été imputée sur les exercices 1815 ou
» 1816, pour lesquels ce département a obtenu, comme
» on sait, des supplémens de crédit. Page 18 ».

Quoi! l'anonyme si habile dans la pratique des finances, *si attentif à suivre tout ce qu'a fait et publié l'administration des finances depuis* 1814, a oublié que c'est la loi du 25 mars 1817, qui a fixé définitivement les dépenses de l'exercice des neuf derniers mois de 1814 à la somme de 609,394,000.

Que c'est le dernier acte de notre législation financière, et qu'il n'appartient qu'à la loi de déterminer les dépenses de l'État. Il faut donc que l'anonyme se résigne à la seule excuse que lui fournissent la méprise et l'erreur. Cette cause est toujours bien reçue parmi les hommes, parce qu'elle a son fondement dans notre nature.

Quand il nous dit que l'exagération qui fut commise par méprise ou par erreur, fut, sinon salutaire, du moins sans conséquences fâcheuses, il ressemble à l'ami de la fable, qui tue celui qu'il veut défendre. A qui persuadera-t-il en effet que ce n'est pas une conséquence très-fâcheuse pour un peuple de payer 65 millions de plus qu'il n'aurait dû payer, surtout quand on les lui demandait après une invasion qui avait si considérablement diminué ses ressources? A cette époque, une diminution de 65 millions sur les contributions aurait attiré mille bénédictions sur le monarque, sur son gouvernement, sur son ministre et eût peut-être prévenu les épouvantables calamités auxquelles nous avons été en proie. Mais ne pressons pas trop ces conséquences, et bornons-nous à faire remarquer que l'exagération de 65 millions sur les dépenses, subsiste.

J'ai fait aussi remarquer dans mon ouvrage que les recettes évaluées dans le budget de 1814,

à 442,928,000

Avaient produit.......... 560,055,255

D'où résultait une atténuation de 117,127,255

Que dit l'anonyme sur ce point? Il prétend que je me suis mépris, et voici comment il le prouve.

« L'auteur (M. G.) compare, avec les recettes pré-
» vues par le budget de 1814, des produits accessoires que
» l'on n'avait pas dû y comprendre puisqu'ils avaient
» la destination particulière de couvrir les non-valeurs

» résultantes de l'invasion et de solder l'arriéré. Il est » vrai que ces produits ont été réunis *plus tard* aux » recettes de 1814, en vertu de la loi du 28 avril 1816; » mais peut-on raisonnablement conclure de cette ad- » jonction subséquente une atténuation volontaire de » 117 millions dans un budget qui avait été fait en sep- » tembre 1814. Page 18 et 19. »

Cette objection est-elle faite de bonne foi? Un ancien employé au ministèr e des finances, peut-il dire et se flatter de persuader à quelqu'un, tant soit peu versé dans les matières de finances, que des recettes effectuées et employées en totalité pendant l'exercice des neuf derniers mois 1814 et les trois premiers mois de 1815, l'ont été en vertu de la loi du 28 avril 1816, faites un an après que toutes les recettes et tous les emplois étaient consommés.

Si, d'après l'assertion de l'anonyme, on faisait au ministre de 1814 le reproche d'avoir disposé arbitrairement des produits créés par la loi du 20 mars 1813, de les avoir détournés de la destination prescrite par cette loi, et de les avoir employés à une autre destination, que répondrait-il? Il invoquerait la loi du 23 septembre 1814, art. 5 et 20, et les dispositions de cette loi le mettraient à l'abri de tout reproche. C'est donc en vertu de cette loi du 23 septembre 1814, que le ministre fit les recettes que l'anonyme présente comme des produits accessoires; c'est du moins en vertu de cette loi qu'il les appliqua au paiement de l'exercice des neuf derniers mois 1814. J'ai donc eu raison de dire que les recettes des neuf derniers mois 1814 se sont élevées à 560,055,255

Tandis que le ministre ne les avait évaluées qu'à 442,928,000

Ce qui a produit une atténuation de. 117,127,255

Si la loi du 28 avril 1816 a spécifié, plus particulièrement que la loi de 1814, cette partie des recettes propres à l'exercice des neuf derniers mois 1814, cette spécialité n'était pas une affectation, mais une simple régularisation; et c'est être beaucoup trop habile dans les pratiques financières que de transformer les régularisations en affectations, et les paiemens effectués en paiemens à faire. Notre crédulité en affaires de finance est grande sans doute; mais elle ne va pas tout à fait aussi loin que le croit l'anonyme.

En calculant l'exagération des dépenses. 65,140,000

L'atténuation des recettes ordinaires 117,127,255

J'ai ajouté l'omission des valeurs actives du dernier gouver-

De l'autre part. .	188,267,255
nement	175,881,533
D'où j'ai tiré la conséquence que le budget des neuf derniers mois 1814 exagéra les besoins et atténua les ressources de	358,148,788

L'anonyme attaque cette conclusion :

« Il prétend que je n'ai ajouté l'omission des valeurs » actives du dernier gouvernement aux atténuations » des recettes et aux exagérations des dépenses de » l'exercice des neuf derniers mois 1814 que pour ar- » river à des résultats encore plus imposans. Page 20 ».

On conviendra sans doute qu'ici l'intention n'est pas respectée, ni la promesse des ménagemens fidèlement gardée. Heureusement je n'ai pas besoin d'indulgence pour mes intentions, et je ne crains pas de dire qu'il faudrait une autorité plus grave que celle de l'anonyme et même de son ou de ses cliens pour les rendre suspectes. Il n'est personne en effet qui ne sente que je n'avais pas besoin de chercher des résultats plus imposans quand j'avais prouvé,

Dans les recettes une atténuation de	117,127,000
Et dans les dépenses une exagération de.	65,140,000
Total......	182,267,000

Un excédant de charges aussi considérable, imposé sans nécessité à un peuple épuisé par l'invasion des armées de toute l'Europe était plus que suffisant pour exciter les justes réclamations d'un député de ce peuple malheureux, et il y aurait eu en lui plus que de la déraison, s'il avait cherché volontairement à grossir la somme de tant d'abus et de calamités. Si donc j'ai commis une erreur en additionnant les 175 millions de valeurs actives du dernier gouvernement aux 182 millions, résultant des atténuations et des exagérations de l'exercice de 1814, l'anonyme et ses cliens devaient croire que c'était une erreur involontaire, et ne pas me supposer l'intention d'arriver à des résultats encore plus imposans.

Mais voyons en quoi consiste cette erreur si flatteuse pour l'anonyme, voyons surtout s'il a tant raison de s'applaudir de la découverte qu'il en a faite.

« L'omission des valeurs actives du dernier gou-
» vernement, dit l'anonyme, n'est autre que celle de
» 188 millions déjà citée page 14 . . . . .

» Or, si l'on se reporte à notre tableau, on voit que
» de ces deux sommes si ingénieusement cumulées,
» la première renferme 81,188,000 sur laquelle nous
» avons appelé l'attention des lecteurs, et si l'on se re-
» porte à la page 158 de la brochure, on voit que
» la seconde somme renferme encore les mêmes
» 81,188,000 ; par ce moyen notre critique se procure
» 162 millions avec 81, tant il désire accabler l'adminis-

» tration qu'il censure sous le poids de ses additions » colossales ».

Quoi! monsieur l'anonyme, un double emploi de 81 millions, produit une erreur de 162 millions! Est-ce que vous faites ce que vous m'imputez d'avoir voulu faire? est-ce que vous voulez aussi m'accabler sous le poids de vos additions colossales? Soyez plus indulgent; et puisque, sans mauvaise intention, vous croyez voir 162 millions dans le double emploi de 81 millions, ayez la générosité de croire que, sans mauvaise intention, j'ai pu ne pas m'apercevoir que dans la somme de 560 millions, montant des recettes de l'exercice des neuf derniers mois 1814, était comprise celle de 81 millions, faisant partie de celle de 175 millions, composant les valeurs actives du dernier gouvernement. *Oui, je reconnais, pour rendre hommage à la vérité que j'ai méconnue, mais que je n'ai pas offensée*, que je ne devais pas additionner aux atténuations et aux exagérations montant

à......................		182,000,000
L'omission totale de...........	175,000,000	
Qu'il fallait distraire de cette omission...........	81,000,000	
ce qui la réduisait à.	94,693,000,	ci 94,693,000
	Total........	276,693,000

D'où il résulte que toutes les atténuations, toutes les exagérations, résultantes du budget de 1814, doivent être restreintes à 276,693,000

Y a-t-il donc dans ce résultat tant de sujets de satisfaction, et convenait-il à l'anonyme de s'écrier comme il l'a fait?

» *Une réplique sérieuse serait superflue contre de*
» *pareilles erreurs*, et même il y aurait peu de géné-
» rosité à *profiter de l'ascendant qu'elles donnent sur*
» celui qui les commet. Contentons-nous donc de les
» avoir fait remarquer, et poursuivons. Page 20. »

Il me semble qu'un ton plus modeste eût été beaucoup plus convenable dans d'aussi tristes circonstances, et je crois qu'il eût beaucoup mieux valu, pour le client de l'anonyme, rester, par une assertion non contredite, atteint d'avoir atténué les ressources et exagéré les dépenses de........................ 358,148,788

que d'être convaincu, pour ainsi dire contradictoirement, que ces atténuations et ces exagérations ont été effectivement de....... 276,693,000

Différence................ 81,784,788

En pareil cas, l'invraisemblance est bien

plus puissante que l'évidence de la réalité. Je sais bien qu'il fallait répondre, mais du moins fallait-il le faire sans fiel et sans injure.

Ainsi, tout l'avantage que l'anonyme a tiré de sa critique, sur ce point, c'est que les exagérations, les atténuations et les omissions, résultantes du budget des neuf derniers mois 1814, ne s'élevaient pas comme je l'avais dit, à... 358,148,788

Mais consistaient dans celles de. 276,693,000

Que l'anonyme s'applaudisse tant qu'il voudra du succès de sa critique, sans utilité pour personne, je n'ai pas de regret à la peine que j'ai prise de signaler un abus aussi grave dans la législation de nos budgets.

§ III.

Du solde des recettes et des dépenses du Trésor Royal, du 1.er *avril* 1814, *au* 20 *mars* 1815 (1).

Dans le chapitre premier de mon ouvrage, j'ai établi, par le dépouillement des comptes publiés par le gouvernement, que le solde des recettes et des paiemens effectués par le Trésor pendant cette période *paraissait* devoir être,

(1) Voyez la page 6 et suivantes du chap. I.er

d'après ces comptes, de........	154,903,888
Tandis qu'il n'était effectivement porté que pour.......	70,945,267
D'où paraissait résulter un déficit d'environ..............	83,958,621

« Combien de choses à releverdans ce passage, dit l'anonyme ! » Mais ce n'est pas sans peine qu'on parvient à se reconnaître dans cet amas de sommes disparates *et étonnées de se trouver ensemble*, que l'auteur a recueillies sur différens tableaux, pour les rapprocher dans ses calculs. De tels assemblages de chiffres passeraient plutôt pour une œuvre du hasard que pour une combinaison de l'esprit. Cicéron disait, en preuve de l'existence de Dieu : « Jetez d'une certaine hauteur un grand nombre de lettres; si en tombant, elles se rangent à côté les unes des autres, de manière à former une seule page des œuvres d'Ennius, je croirai que le hasard a fait le monde. On n'en dirait pas autant.

» D'une page de chiffres composée par M. G. Peut-» être ne serait-il pas aussi difficile au hasard de la » reproduire qu'une page d'Ennius. Page 21.

Je comprends bien la force de l'argument de Cicéron en faveur de l'existence de Dieu; mais je ne vois pas comment il a pu se retracer à la mémoire de l'anonyme, au moment où il voulait prouver que le hasard, aussi bien que mon esprit, aurait pu produire les chiffres que l'anonyme veut attaquer; et je vois encore moins quelle preuve on peut en tirer contre l'exactitude et la conclusion de mes calculs. C'est là du pur galimatias, ou ce que des gens qui se croient habiles, appellent de la tactique. Pour moi, la tactique, le galimatias, décèlent la faiblesse et l'impuissance des facultés rationnelles, et je me flatte qu'on va à l'instant même en avoir une preuve éclatante.

« Mais enfin, continue l'anonyme, puisque la gra-
» vité des résultats commande un examen sérieux des
» objections qu'on vient de lire, pénétrons dans les
» calculs, en invoquant la patience du lecteur que ce-
» pendant nous aurons soin de ménager.

» La première somme rapportée par M. G.
» ci 740,138,331
» est exacte, c'est-à-dire fidèlement copiée sur
» les deux premiers totaux des pages 12 ou 16 du
» compte rendu. Il a donc été inutilement prodigué de
» ses soins en la recomposant dans la note de la page
» 159. » (Page 22).

Bon ! me voilà déjà hors d'un mauvais pas. Je n'ai mérité que le reproche de m'être donné une peine inutile. Les chiffres que j'ai rassemblés pour former ce résultat ne sont pas étonnés de se trouver ensemble ; le hasard n'y a eu aucune part, et l'argument de Cicéron en faveur de l'existence de Dieu n'en détruira pas l'effet. Mais ne chantons pas encore victoire, et voyons la seconde partie de ces chiffres enfans du hasard.

« La seconde somme, dit l'anonyme, celle de
» ci 681,644,464
» paraît devoir être celle de 683,215,247
» qui ressort à la page 17 du compte, car il a été
» impossible d'y trouver l'autre. Nous présumons
» qu'ayant voulu la recomposer, comme il a fait la
» précédente, il n'aura pas été aussi heureux dans son
» addition. Au surplus, une erreur de 1,570,000 n'est
» qu'une bagatelle, et l'on ne compte pas de si près
» avec M. G. Page 22. »

Je ne puis pas, dans ce moment, rendre compte de toute la différence remarquée par l'anonyme; il faudrait faire les recherches qui m'ont déterminé à l'établir, et je n'en ai pas le temps; mais il me semble que si j'en justifie une partie, on m'accordera un répit pour justifier l'autre. Du moins l'anonyme sera-t-il plus indulgent pour ma faculté des additions.

En vérifiant les comptes par les états, et les états par les comptes, seul moyen de vérification qui fût à ma disposition, je remarquai que dans la somme de 683,215,247, portée au compte général, page 17, on avait compris une somme de 762,647 fr. pour les causes énoncées en l'état K, page 30. Ces causes dérivent *de débets et d'enlèvement de fonds constatés dans les caisses du Trésor Royal du 1.er avril 1814, au 20 mars 1815.* Je ne vis là que des diminutions de recette, et non des articles de dépense, et je me crus d'autant mieux fondé à les rejeter de la dépense, qu'il est dit dans une note au bas de cet état, *que ces débets ont été couverts, soit par les cautionnemens des comptables, soit par le produit de leur actif;* d'où il suit, ce me semble, que cette somme, remboursée au Trésor par les comptables, ne devait pas faire partie de ces dépenses. Si j'ai mal raisonné, du moins je n'ai pas mal additionné, et l'anonyme me pardonnera la liberté que j'ai prise de raisonner les chiffres du Trésor. S'il n'avait pas été si long-temps employé dans les finances, il saurait que les théoriciens raisonnent même en calculant des chiffres, et peut-être voudra-t-il une autre fois compter de plus près avec M. G.

L'anonyme me dit : continuons, et je dis avec lui, continuons.

« Le trésor, dit-il, (M. G.) a payé dans cette épo» que (il a voulu dire dans cette période), pour le

» service des budgets, une somme totale en numéraire,
» de 681,644,464, soit . . . . . . 683,215,247.

» Mais à la simple ouverture de l'état, page 13, on voit que dans ce total sont compris des paiemens faits en valeurs créées pour le service du Trésor et non pas en numéraire pour 96,170,034.

» En sorte que les paiemens faits en numéraire sur le service des budgets, ne sont réellement que de . . . . 587,045,213.

» L'auteur commet donc ici une erreur palpable de 96 millions. Peut-être, objectera-t-il, qu'il a consulté l'état, page 17; mais quand on veut critiquer les chiffres il faut au moins *vouloir ou savoir les lire*. Page 22. »

Monsieur l'anonyme, vous ne vous piquez pas de politesse, mais c'est un de vos priviléges. On sait qu'on doit faire grâce aux masques, surtout quand on les connaît; et l'on va voir dans un moment que je sais vivre, et même que je ne manque pas de générosité. Continuons avec l'anonyme.

« Il est incroyable, dit-il, que recherchant la comparaison du numeraire entré et sorti durant une certaine période, il n'ait pas consulté le tableau page 13, qui est spécialement destiné à établir cette distinction, et qu'il ait voulu la trouver sur le tableau page 17, qui a un tout autre objet, celui de désigner les différentes caisses qui ont fait les recettes et les paiemens.

» Toutefois, M. G. n'était pas sans quelque remords » sur l'écart où il se laissait entraîner; car il dit en note : Il y a tout lieu de croire que le paiement en numéraire ne fut que de 587,045,212; mais ce n'est pas ici le lieu d'entrer dans la discussion des comptes. »

L'anonyme n'a pas bien médité son objection; et il est étrange qu'il ne se soit pas aperçu qu'elle ne peut pas produire l'effet qu'il s'en est promis.

Il doit d'abord convenir que si j'ai vu qu'il était possible que les paiemens du Trésor, que je portais en numéraire à..... 681,644,464
ne fussent cependant que de.. 587,045,212
je voulais et savais lire les chiffres, puisque je les ai vu tels qu'ils sont dans les comptes, et tels que l'anonyme les présente lui-même. Je n'ai donc pas commis une erreur palpable de 96 millions, comme l'anonyme m'en accuse *sans remords*.

Mais pourquoi ne me suis-je pas contenté, comme lui, de ce que je lisais dans les comptes? C'est parce que je n'étais pas obligé, comme lui, de les approuver, parce que je ne devais leur donner mon assentiment qu'autant qu'ils me paraissaient conformes à la vérité, et j'avoue que malgré tous mes efforts, ils n'ont pas eu ce caractère à mes yeux. En voici les raisons :

Il est de fait, et l'anonyme est convenu, que du 1.er avril 1814 au 20 mars 1815, le Trésor reçut en numéraire la somme

de........................ 740,138,331

et qu'il ne paya que.......... 681,644,464

Les paiemens étaient-ils tous en numéraire? Je voyais bien dans les comptes qu'une partie, montant à 96 millions, avait été faite en valeurs du Trésor; mais d'un autre côté je savais, et l'anonyme lui-même nous apprend (page 27), *que les émissions des valeurs du Trésor, sont des moyens économiques de tenir tous les services au courant, et de simples délégations données en janvier, par exemple, sur les recettes d'avril;* j'étais donc placé dans l'alternative ou d'augmenter la somme du numéraire enfermé dans les caisses du Trésor, ou de supposer qu'une partie avait été employée à rembourser les valeurs en circulation. Je préférai ce dernier parti, parce qu'il me parut le plus raisonnable, et il l'était en effet; car, qui pouvait imaginer que le Trésor eût laissé 100 millions de ses valeurs en circulation, et gardé dans ses caisses 100 millions d'écus avec lesquels il avait pu et dû les rembourser. Comment donc l'anonyme a-t-il pu, *sans remords*, m'accuser d'avoir commis une erreur de 96 millions. Cette erreur prétendue se réduisait en dernière analyse à avoir supposé que les 96 millions de valeurs du Trésor, avaient été remboursés par les 96 millions d'écus qu'il avait en caisse. Cette supposition n'ôtait ni ne donnait un écu de plus au Trésor, et ne changeait pas d'un *iota* le résultat de ses comptes.

Que si l'anonyme veut savoir pourquoi je me suis permis ce déplacement dans les comptes, je lui dirai que je cherchais à me rendre compte du résultat des opérations du Trésor, et que je n'avais d'autre moyen d'y parvenir, que celui de mettre en regard ses recettes en numéraire et ses dépenses de la même nature. Si j'ai grossi les dépenses en numéraire et atténué la somme de l'émission de ses valeurs, c'est que je ne pouvais pas me persuader qu'il laissât circuler 96 millions de ses valeurs portant intérêt, payant des commissions et des courtages, et occasionant l'élévation du taux de l'intérêt, quand il avait dans ses caisses 96 millions d'écus qui ne portaient point d'intérêt, qui n'auraient point coûté des frais de courtage et de commission, et qui auraient fait baisser le taux de l'intérêt. C'est ce doute honorable pour le Trésor, qu'on ne peut éclaircir que par la connaissance des époques de ses recouvremens et de ses paiemens, qui m'a fait dire que *ce n'était pas le lieu d'entrer dans la discussion des comptes*, parce que c'est en effet de cette discussion que doit résulter la bonté ou le vice de ses opérations.

Après cette explication que tout homme non prévenu et surtout de bonne foi aurait pu facilement prévoir, quels sentimens doit-on éprouver lorsqu'on lit dans l'écrit anonyme le passage suivant :

» Certes, il est édifiant de voir un grave théoricien » qui s'érige en calculateur juré des comptes et des » budgets de l'État, passer généreusement condamna- » tion sur une bagatelle de 96 millions, parce que sa » conscience n'est pas suffisamment éclairée, parce » qu'il y a seulement pour lui lieu de croire, et qu'ap- » paremment il ne voudrait pas commettre la faute de » convertir une simple présomption en certitude. » Mais que penser ensuite lorsqu'on découvre que la » chose dont il n'a qu'un soupçon, une intention vague, » est précisément le fait le plus saillant, le plus notoire, » le plus ostensiblement énoncé dans trois ou quatre » endroits du compte.

L'anonyme n'a-t-il pas usé et abusé de son privilége, et n'aurais-je pas été bien excusable de m'en rapporter aux lumières du public sur le soin d'en faire justice. Mon dévoûment aux intérêts de mon pays, et le caractère dont il m'a revêtu, ne m'ont pas permis de garder un silence qu'on aurait mal interprété. Poursuivons donc; oublions même la grandeur du sacrifice.

» Enfin, dit l'anonyme, car il faut abréger, l'auteur » veut établir le solde en caisse au 20 mars 1815, et » voici comment il y procède :

» D'abord, suivant lui, nouvelle dette contractée » par les caisses du 1.er avril au 20 mars 1815, » ci 17,018,394

» Mais, comme on vient de l'indiquer » page 21, l'auteur a omis dans le rap- » prochement qui lui fournit ce résultat, » une somme de . . . . . 96,170,034.

» Déduisant donc les . . 17,018,394, » la différence réelle serait

» de . . . . 79,151,640.

» La vérité est qu'on a diminué en » définitive les emprunts des caisses pour » le service courant, comme nous l'ex- » pliquerons plus loin, de 31,521,194.

» Vient ensuite l'excédant des recettes » sur les paiemens en numéraire . . . 58,493,867.

» Nous avons montré plus haut que » ce résultat n'était erroné que d'une » somme de 96 millions, dont l'omis- » sion réitérée porte une atteinte fatale » à tous les calculs que fait ici M. G.

» Enfin, et ceci est le plus surprenant, » les valeurs du trésor en circulation, » à l'époque du 20 mars 1815 . . . . 79,391,627.

Total . . . . 154,903,888.

» Pages 23 et 24. »

Il serait difficile de répandre plus d'obscurité sur un sujet déjà très-obscur de sa nature.

Si l'anonyme a voulu qu'on ne comprît rien à une partie de son écrit, c'est un très-habile homme, et il faut rendre hommage à son talent; mais s'il s'est persuadé qu'on lui donnerait raison précisément parce qu'on ne saurait pas s'il a tort, il a fait un faux calcul, car il suffit, pour détruire toutes ses combinaisons, d'être aussi clair qu'il a été obscur.

Or, c'est un fait certain et avoué par l'anonyme, que le Trésor reçut en numéraire, du 1.er avril 1814 au 20 mars 1815.. 740,138,331

Un second fait est controversé, c'est la somme que le Trésor a payée en numéraire pendant la même période.

J'ai supposé qu'elle s'élevait à 681,644,464

D'où j'avais conclu que le solde du Trésor, sur ce point, devait être de.................... 58,493,867

Mais l'anonyme prétend que le Trésor n'a effectivement payé en numéraire que. 587,045,123

Et qu'il a en outre payé dans ses valeurs. 96,000,000

Total..... 683,045,213

Mais je ferai à cet égard une observation qui me parait sans réplique.

La totalité des valeurs émises

De l'autre part. 58,493,867

par le Trésor, dans la période qui fixe notre attention, fut, sans aucun contredit, de.. 277,886,329

Il est également certain que cette émission fut remboursée jusqu'à concurrence de...... 260,867,935

Et qu'il ne resta en circulation sur l'émission faite dans cette période, que...... 17,018,394

Tous ces faits sont constatés par les comptes, et non contredits par l'anonyme.

Maintenant, je lui demande si les 96 millions de valeurs avec lesquelles il prétend avoir payé partie des 683,044,213 fr. étaient ou non compris dans l'émission des 277,886,329 fr. de valeurs émises dans la période en question.

S'ils en faisaient partie, il est évident qu'ils ont été remboursés en numéraire, puisqu'à la fin de la période, au 20 mars 1815, il

De l'autre part 58,493,867

n'en restait en circulation,
que 17,018,394

Et par conséquent, j'ai eu raison de dire que le Trésor avait payé en numéraire 681 millions, quoique d'après les comptes il parût n'avoir payé que 587 millions.

Si, au contraire, les 96 millions en question, ne faisaient pas partie de l'émission des 277 millions, et devaient y être ajoutés, alors l'émission avait été, non de 277 millions, mais de 373 millions; supposition impossible sans accuser les comptes d'inexactitude, et sans supposer le plus grand désordre dans la comptabilité des finances.

Je défie à l'anonyme de répondre à ce dilemme, et dès-lors il doit demeurer pour certain, que, comme je l'ai établi dans mon ouvrage, le solde du numéraire reçu et payé par le Trésor, depuis le 1.er avril 1814 jusqu'au 20 mars 1815, était de. 681,493,867,

D'un autre côté, j'ai dit et établi d'après les comptes, que le Trésor ayant émis 277 millions, de

De l'autre part.... 58,493,867

valeurs, et n'en ayant remboursé que 260, il était débiteur et devait être forcé en recette de...... 17,018,394

Que dit l'anonyme sur ce forcement?

» Il prétend que les 17 millions doivent » être déduits des 96 millions, et que la » différence réelle est de 79,151,640.

» La vérité, ajoute-t-il, est qu'on a » diminué en définitive les emprunts des » caisses pour le service courant, com- » me nous l'expliquerons plus loin, » de .... 31,521,194.

J'ai vainement cherché cette explication promise; elle n'a point été donnée, et la raison en est bien simple, c'est qu'il était impossible d'en donner une, d'après les comptes existans.

Enfin, j'ai ajouté au solde du Trésor, ses valeurs en circulation au 20 mars.................. 79,391,627

154,903,888

L'anonyme se récrie sur ce point, et dit:

» Ceci est le plus surprenant : les valeurs du Trésor » en circulation au 20 mars, 79,391,627 !

» On se demande à quel titre ces dernières valeurs ont ici additionnées comme devant accroître le solde » en caisse au 20 mars. Personne n'ignore que *des ef-» fets à payer* font partie du solde passif d'un bilan, » quel qu'il soit, et jamais on ne s'était avisé jusqu'ici » de les additionner comme montant du solde actif des » caisses, page 24. »

Oui, il en est, et il doit en être ainsi, lorsque le comptable a porté en recette le produit des valeurs en circulation, lorsqu'elles ont figuré à l'actif, lorsqu'on a tenu compte de leur produit.

Mais lorsque, comme dans l'espèce, on voit que le Trésor porte dans le passif de ses comptes 79 millions de valeurs, par lui émises, qui sont en circulation, et qu'on ne trouve dans son actif aucune trace du produit de ces valeurs, il est juste, il est nécessaire de le forcer en recette, non pas des valeurs en circulation, comme le suppose ingénument l'anonyme, mais de leur produit, qui est un véritable actif.

En un mot, si l'on veut une preuve sans réplique de la bonne foi ou de l'aveuglement de l'anonyme, dans cette partie de la discussion, fixons-en le résultat.

J'ai porté le solde, résultant de la différence

des recettes et des paiemens en numéraire, à la somme de................ 58,493,867

L'anonyme dit que ce solde est erroné d'une somme de 96 millions, page 24.

Mais d'où vient cette erreur? Est-ce de ce que j'ai alloué une somme de 96 millions qui n'a pas eu lieu; dans ce cas, il faudrait grossir ce solde de........... 96,000,000

et le porter à............... 154,493,867

Est-ce, au contraire, de ce qu'il y a eu une dépense de 96 millions dont je n'ai pas tenu compte; en ce cas il faut retrancher ce solde.

D'un autre côté, j'ai porté le solde, résultant de la différence des valeurs émises et remboursées par le Trésor, à......... 17,018,394

Et l'anonyme dit qu'il faut les déduire des 96 millions émis par le Trésor, et cela pour des raisons qu'il expliquera dans la suite, et qu'il n'explique point

D'où il suit qu'il faut retrancher ce solde.

Enfin, j'ai fait entrer dans le

solde les 79 millions de valeurs du Trésor, en circulation au 20 mars 1815; et l'anonyme dit que des effets à payer, font partie du solde passif, et ne doivent pas être additionnés comme élémens du solde actif des caisses.

Donc il faut aussi retrancher ce solde.

Par conséquent il résulte évidemment de la discussion de l'anonyme, sur le solde au 20 mars, qu'il n'y en avait point, et qu'il ne devait point y en avoir. Cependant, il résulte des comptes, et l'anonyme avoue, page 26, que le solde en *numéraire*, en caisse, était de.............. 69,504,206

Id., en route............ 4,924,052

Total........... 74,428,258

Qu'on juge par ce seul fait, de la loyauté de l'anonyme, et de l'exactitude des comptes! et qu'on dise si j'ai eu tort de les dénoncer à l'attention des Chambres et du Public. N'était-ce pas le devoir de tout Français? Un député pouvait-il s'en dispenser?

Quel est donc le sentiment qu'on doit éprouver quand l'anonyme se permet de dire :

« Au total, le prétendu solde de 154,903,888 n'est
» que le résultat erroné d'élémens incompatibles re-
» levés sans exactitude et combinés sans raison ; c'est
» une véritable chimère. Il est difficile de concevoir
» qu'un écrivain sensé ait pu faire reposer sur une telle
» base le reproche positif et réitéré d'un déficit de 84
» millions dans les comptes des finances, et qui plus
» est, inviter les Chambres à se porter juges de cette
» accusation, qui serait réellement grave si elle n'était
» pas souverainement dérisoire ». (Page 24.)

Je n'ai point, cette année, provoqué l'attention des Chambres sur ce sujet, parce que j'attendais la réplique annoncée et promise depuis deux mois et demi, parce qu'il faut donner aux Chambres le temps de méditer les écrits publiés sur ce point, parce qu'elles n'en ont pas le temps dans le cours de leur session ; mais il y a tout lieu d'espérer qu'elles pourront s'en occuper dans l'intervalle des deux sessions, et je ne fais aucun doute qu'à la prochaine session elles ne s'empressent de remplir cette partie importante de leurs devoirs.

L'anonyme insiste sur le solde que j'ai porté

à..........	154 m.ons
et qu'il prétend devoir être réduit à..................	70
Différence........	84

Et il essaye de combattre une réflexion que m'avait fournie le résumé des comptes.

« Voici encore des chiffres, dit-il, mais ils ne *sont* » *pas additionnés*, et c'est une chance d'erreurs de » moins. M. G., qui se complaît dans sa décou- » verte d'un déficit de 84 millions, y revient de nou- » veau par sa note 13 ».

Mais comment n'a-t-il pas vu que sa réfutation, fût-elle fondée, ne détruirait, ni en tout, ni en partie, l'omission des 84 millions, qui m'a paru résulter des comptes.

Sur quoi porte en effet cette réfutation ? Sur les variantes que j'ai fait remarquer dans le résumé des comptes sur le solde au 20 mars 1815 porté dans ce résumé à........ 46,428,943

à........ 74,428,258

à........ 70,945,267

Comment l'anonyme explique-t-il ces variantes; le voici :

« M. G., dit-il, a résisté à l'évidence, en ne voyant » pas que ce résumé se divise en deux parties; l'une » qui traite des recettes et dépenses faites pour le » service des budgets; l'autre qui traite de créations » et remboursement de valeurs pour le service des » caisses ».

L'anonyme se trompe. Je n'ai point résisté à l'évidence, à moins que l'évidence du résumé des comptes du Trésor ne soit d'une toute autre nature que celle qui porte ce nom. Le lecteur va en juger.

Le résumé se divise en effet en deux parties, comme l'avance l'anonyme.

La première relative aux recettes et aux dépenses du budget, en présente le solde dans les termes suivans :

Total des recettes provenant de recouvremens en numéraire sur les produits des budgets, et de reversement de fonds précédemment employés en dépenses.........711,900,018

Les dépenses acquittées en numéraire sur les fonds des budgets du 1.er avril 1814 au 20 mars 1815 587,045,212

Excédant de la recette en numéraire, dont il a été disposé comme il sera dit ci-après...........124,854,806

La seconde partie du résumé est relative au service des caisses du Trésor royal. Elle donne le solde de ce service comme il va être dit :

Excédant définitif de la recette sur la dépense faite par le Trésor royal en numéraire, depuis le 1.er avril 1814, jusqu'au 20 mars 1815...................... 46,189,943

Les fonds en caisse chez tous les comptables, au 1.er avril, s'éle-

vaient à. . . 28,238,314

Ils étaient, au 20 mars 1815, *de*. . 76,084,022

A déduire les valeurs créées par le Trésor et non encore émises. 1,655,764

Total. . . 74,428,256

Tel est l'énoncé littéral des comptes du Trésor : quelqu'un y aperçoit-il l'évidence ? y trouve-t-on même le moyen de discerner deux soldes différens, l'un en numéraire, l'autre en valeurs du Trésor ? L'un et l'autre ne se composent-ils pas d'élémens en numéraire et en valeurs du Trésor ? et m'était-il possible de mettre entre l'un et l'autre quelque différence. Si cette différence ne résultait pas du résumé, n'étais-je pas autorisé à relever sa contradiction avec les comptes ; et n'aurait-on pas dû me savoir gré d'avoir jeté ma remarque dans l'appendice où elle ne pouvait être aperçue que par des yeux exercés.

Je le demande à tout homme non prévenu, et surtout non intéressé, avec plus d'attention ou de lumières, aurait-il vu autrement que je n'ai pu et su voir ? pouvait-on mettre plus de ménagemens dans les résultats de l'examen ? et peut-on me faire d'autre reproche que celui d'avoir voulu porter la lumière dans une matière jusqu'ici enveloppée dans l'obscurité la plus profonde, et qu'il faudra bien dissiper enfin, si l'on veut prévenir les abus et les désordres que favorisent toujours l'obscurité et l'insouciance ?

Ainsi, le solde des comptes reste, malgré les diatribes de l'anonyme, dans le même état où je l'ai présenté dans mon ouvrage.

§ III, et dernier.

De l'émission des valeurs du Trésor.

Achevons pourtant, dit l'anonyme, de suivre notre critique financier ; et il cite ce que j'ai dit pages 18 et 19. Voyons maintenant sa réfutation.

« Nous laisserons ici les chiffres de côté, dit l'ano-
» nyme, et nous raisonnerons sur le principe. Ne di-
» rait-on pas que le Trésor a reçu, à des termes parfai-
» tement identiques sur chaque point du royaume,
» des sommes toujours plus fortes que celles qu'il a dé-
» pensées, en sorte qu'à aucune époque d'une période
» de 12 mois et sur un même point de la France, il
» n'aurait eu besoin de suppléer à ses ressources pré-

(1) Voyez les pages 6 et suivantes du Chap. premier.

» présentes par les valeurs de circulation ou d'anticipation.

» Mais, quelque théoricien que l'on soit, on pourrait bien soupçonner ce que tant de gens, qui ne le sont pas, connaissent à merveille, savoir : que la progression des recettes ne suit pas toujours la progression des dépenses, et qu'il faut souvent payer dans une seule semaine l'équivalent de la recette d'un mois. On comprendrait alors que les émissions de valeurs sont des moyens économiques de tenir les services au courant, et de simples délégations données en janvier, par exemple, sur les recettes d'avril. Enfin, l'on apercevrait dans les dispositions que les caisses du Trésor royal forment les unes sur les autres un moyen de circulation profitable au Trésor à qui il épargne des transports d'espèces, et avantageux au commerce dont il aide les opérations ».

Fort bien, monsieur l'ancien employé : il vous convient de juger de tout par ce que vous voyez, et de croire à tout ce que vous avez vu. Un théoricien va un peu plus loin : il raisonne sur ce qu'il voit, s'efforce de savoir ce qu'il y a de bien ou de mal dans ce qu'il voit. Ces raisonneurs sont, je le sais, quelquefois bien gênans pour certains faiseurs, mais enfin ils usent d'un droit, et il faut bien les tolérer.

Or, jamais il n'y eut, en finance, de sujet plus digne d'être médité, que le résultat des comptes du Trésor, qui présente, du 1.er avril 1814 au 20 mars 1815 :

Une recette, en numéraire, de......	740,138,831
Une dépense, en numéraire, de......	587,045,212
Et, par conséquent, un excédant de recette, de........	153,093,619
Et qui, cependant, établit une émission des valeurs du Trésor, montant à.	277,886,329
Et un remboursement, de.	260,867,935
Total......	538,754,264

De sorte qu'il a fallu une circulation de plus de 500 millions pour un paiement de 587,045,212.

Cette circulation était-elle nécessaire, utile ou même avantageuse? Voilà ce que je me suis demandé.

La réponse eût été facile, si le Trésor avait donné par chaque trimestre, ou mieux encore par mois, l'état de ses recettes en numéraire, ainsi que de l'émission et du remboursement de ses valeurs. Alors il aurait été facile de juger si les émissions étaient nécessaires et quels étaient le genre et l'étendue des avantages qui en résultaient. Mais cet état n'existait point et n'a point encore été publié, quoique la publicité eût pu être si lumineuse, non-seulement pour la solution de cette question, mais pour en prévenir une foule d'autres qui ne sont pas moins difficiles ni moins importantes.

Quelle a donc dû être mon opinion sur un fait dont les causes m'étaient inconnues?

Devais-je croire, comme l'anonyme, que l'émission des valeurs n'avait eu lieu que pour suppléer à l'insuffisance des recettes? j'aurais été beaucoup trop crédule, et ma crédulité n'aurait été partagée par personne.

Qui ne sait en effet qu'une partie des recettes se fait jour par jour, et l'autre par mois. Quand il y aurait sur cette dernière partie un retard d'un quart par chaque mois, ce serait, à la fin de l'année, un arriéré d'environ 80 millions; somme hors de toute proportion avec la circulation de 538 millions de valeurs.

J'ai donc pu et dû penser que cette circulation avait un autre objet que celui de suppléer à l'insuffisance des recettes du Trésor.

Et quel est cet objet? il me paraît évident.

C'est d'introduire un mode de paiement dont le papier est l'instrument, et l'argent le liquidateur; système qui peut n'être pas sans utilité, quoiqu'il ne soit pas exempt de danger; mais que j'ai dû signaler à l'attention publique, parce que il a été jusqu'ici calculé tout entier enfaveur des capitalistes, et contre les contribuables, parce qu'il tend à concentrer à Paris tous les capitaux, et à les détourner de l'industrie, du commerce et du travail, parce qu'il confond l'agiotage avec le crédit, parce qu'il place à la bourse la source des richesses. Méprise grossière qui, depuis quelques années, aggrave nos calamités, que je ne puis pas en ce moment dévoiler dans toute son étendue, parce que le temps me manque, mais que je démontrerai jusqu'à l'évidence dès que je serai libre des devoirs que m'impose l'importante mission que j'ai reçue. Ce que j'ai dit suffit pour mettre les bons esprits en garde contre les diatribes de l'anonyme, pour leur en révéler les causes et leur en faire apercevoir la tendance et le but. On doit comprendre maintenant quel sentiment portait l'anonyme à s'écrier, page 27 :

» Que de choses aurait aperçues M. G., s'il n'eût pas » été un si profond théoricien ! Mais peut-être lui a-t-il » été convenable de ne les pas voir; car, mieux instruit, » il eût été obligé de s'interdire ces déclamations dé- » nuées de convenance et de vérité contre la prétendue » agitation que causèrent les valeurs surabondantes, » émises par les caisses du trésor en 1814 » (agitation dont personne autre que lui n'a jamais entendu parler.)

Quoi ! c'est l'anonyme qui m'accuse de m'être livré à des déclamations dénuées de convenances et de vérité ? Que lui répondre ? lecteurs, vous avez lu le chapitre qu'il a critiqué et sa critique ; jugez.

J'allais terminer la réfutation des objections de l'anonyme contre le chapitre premier de mon ouvrage, lorsqu'il m'est parvenu un autre écrit anonyme tout à fait semblable à celui que je réfute. Ce sont le même esprit, les mêmes combinaisons, la même direction, la même tendance, le même but. Les deux écrivains ont reçu la même mission et ont été fidèles aux instructions qu'ils ont reçues. Tous deux m'accusent de n'avoir pas su m'élever à la sublimité de la science des recettes et des dépenses, de n'avoir pas su lire et comprendre les comptes de finance dont j'ai fait le dépouillement, et d'en avoir tiré des résultats qui fourmillent d'erreurs de calcul et de raisonnement ; tous deux donnent des preuves également ingénieuses et surtout concluantes de leurs accusations.

On connaît déjà la belle découverte, et surtout la juste application de l'argument de Cicéron en faveur de l'existence de Dieu, et je ne doute pas qu'il n'ait convaincu tout le monde de la fausseté de mes calculs et de mon impuissance de lire les comptes de finance.

Le second anonyme n'a été ni moins ingénieux, ni moins heureux que son associé, et peut-être sera-t-on embarrassé de savoir lequel des deux a mérité la palme. Voici ce que dit le dernier anonyme :

» Il en est du langage de la finance et des chiffres,
» comme de la musique ; il faut connaître les signes,
» leur figure, leur valeur, pour déchiffrer à livre ouvert.
» L'étude, la science même ne suffisent pas ; il faut de
» plus en musique une voix juste pour ne pas chanter
» faux, et en finance un esprit juste, une attention
» soutenue, pour ne pas faire de faux calculs.

» Ces réflexions, continue l'anonyme, s'adressent à
» cette foule de financiers présomptueux, qui, chaque
» année, aux approches du budget, nous inondent de
» leurs plans et de leurs projets, bien préférables, si
» l'on veut les croire, au budget ministériel qu'ils cri-
» tiquent sans ménagement.

« Ces censures peuvent avoir les plus fâcheux ef-
» fets . . . ; elles sont dangereuses surtout lorsqu'elles
» partent d'hommes qui, à raison ou à tort, ont ac-
» quis ou usurpé une certaine réputation financière. Il
» ne sera donc pas sans utilité de réfuter les principales
» erreurs de quelques-uns de ceux qui se prétendent
» nos plus habiles financiers. »

Que vous semble, lecteur du rapprochement de la musique et de la finance ? Mais à qui croyez-vous que l'anonyme refuse les dons constitutifs du financier et du calculateur ? A moi, cela va sans dire, je ne suis qu'un théoricien ; mais à M. le duc de Gaëte et à M. Lafitte, cela est par trop bouffon, et je ne sais pas si l'on peut porter plus loin le délire ou la présomption. Loin de m'en affliger, je dois des remercimens à l'anonyme pour m'avoir mis en si bonne compagnie; je ne sais pas même si je ne dois pas m'applaudir des erreurs qui m'ont mérité une si grande distinction. Je doute qu'un bon nombre de volumes tout gros de vérité m'eussent valu un si grand honneur.

Il est vrai que l'anonyme me reproche vingt-une erreurs de calcul et de raisonnement, tandis qu'il n'en met que neuf sur le compte de M. le duc de Gaëte, et sept sur celui de M. Lafitte; d'où il suit que je ne suis qu'en troisième ligne; mais je me déclare très-satisfait de ce rang; surtout parce que j'y trouve ce motif de consolation que si les hommes les plus expérimentés commettent tant d'erreurs, je ne dois pas être trop honteux d'en avoir commis un plus grand nombre, moi qui me lance, pour la première fois, dans le dédale des comptes de finance.

C'est d'ailleurs un très-grand honneur que l'anonyme m'a fait en me jugeant digne de sa censure spéciale, puisqu'il n'accorde cet honneur qu'à ceux qui, *à raison ou à tort, ont acquis une certaine réputation financière*, et qu'il condamne à une simple nomenclature tous ceux qui, depuis vingt-huit ans, ont écrit sur les finances.

Enfin, les censures de l'anonyme ont le rare avantage de n'être point aggravées par l'abondance des éloges qu'il dispense. L'anonyme est très-avare de louanges. Il n'en donne qu'à

« M. le comte Mollien, ministre du trésor sous le
» dernier gouvernement, à qui l'on doit la création de
» la caisse de service, et à M. le duc de Lévis, qui,
» sous le titre modeste d'*Exposé des travaux de*
» *la commission consultative du budjet* a publié un
» ouvrage rempli des principes les plus sains et fécond
« en vues éclairées, où la clarté et les charmes du style
» tirent un nouveau prix de l'aridité de la matière, et
» dans lequel l'élégance ne nuit pas à la profondeur ».

Ce petit nombre d'élus me fait trouver la censure moins pénible, et je me dis : puisque l'anonyme ne compte que deux financiers dignes de ses éloges, et trois dignes de sa censure, je me trouve placé le cinquième dans l'ordre de ses éloges et de ses censures, et je puis bien accepter, à ce prix, l'honneur qu'il me fait de relever mes vingt-une erreurs, de m'apprendre qu'*en musique il faut avoir la voix juste pour ne pas chanter faux, et en finance un esprit juste et une attention soutenue pour ne pas faire de faux calculs.*

Mais quel est donc cet anonyme qui tient le

---

* Pages 68 et 86.

sceptre de la finance, qui en assigne les rangs et en dispense les honneurs? C'est un très-habile homme, car en gardant l'anonyme, il a trouvé le secret de se faire connaître, de sorte qu'il jouit du double avantage d'être connu et de ne l'être pas, d'échapper au blâme sans rien perdre de l'éloge. Voilà ce qu'on appelle prouver sa mission, se montrer grand calculateur, et justifier son titre et son droit à critiquer les financiers les plus habiles et les plus expérimentés.

Cet anonyme est donc, comme nous l'apprennent les initiales de son nom et de ses fonctions actuelles, *qui le laissent*, dit-il, *dans la solitude*, M. B..., oui, *le créancier de l'état*; cet écrivain qui, en débutant dans la carrière des pamphlets, à laquelle il s'était préparé pendant vingt années d'études et de méditations, non dans son cabinet, mais dans son bureau, y porta le scandale de l'outrage et de l'injure, et fit rougir tous les honnêtes gens de ses diatribes contre un ancien administrateur universellement estimé. On sent combien cet adversaire est redoutable, combien ses critiques doivent être modérées et sages et ses décisions impartiales et équitables.

C'est cet écrivain qu'on a vu tour à tour s'élever contre les vices de la consolidation forcée, proclamer les avantages du système des obligations, et abandonner les obligations pour la consolidation forcée; c'est lui, qu'un de ses collaborateurs au ministère des finances, accusa d'avoir mis à profit les idées qu'il lui avait communiquées, et qui se justifia de cette accusation en accablant d'injures son accusateur; c'est lui qui a voulu nous persuader que vendre des rentes, donner des mandats sur les receveurs et les caissiers du trésor, émettre des bons de la caisse de service, ou en d'autres termes, donner des délégations sur ses débiteurs, c'est avoir du crédit.

C'est donc M. B.? oui, non plus le premier commis des finances, mais le M. d. R.

Voyons donc s'il est doué de cet esprit juste, de cette attention soutenue qui caractérisent le véritable financier, et s'il peut justifier, par ses grandes qualités, les jugemens qu'il porte de moi et de mon ouvrage.

Malheureusement il n'est pas facile de le saisir. Il a prudemment évité l'attaque corps à corps, a suivi une route différente de celle que j'ai parcourue, et a commencé par où j'ai fini. Sans doute, ce n'est pas sans intention que l'anonyme B. a pris son point de départ au point où j'étais arrivé, est allé à reculons, et remonté du budget de 1816 à celui de 1814. Il s'est persuadé que ma critique du budget de 1816, lui offrait plus de prise que celle du budget de 1814, et qu'il lui serait, non pas plus facile de m'attaquer, mais qu'il me serait plus difficile de me défendre.

Ce n'est pas sans intention non plus qu'il est sorti des cadres dans lesquels j'avais renfermé les calculs, afin de les rendre plus sensibles; qu'il les a séparés de leurs résultats, afin d'accuser les uns d'erreurs et les autres d'intentions coupables.

Que conclure de cette tactique habile? Que l'anonyme B., qui a vu et fait tant de comptes dans sa carrière financière, sait l'art de les embrouiller, et n'a rien négligé pour les replonger dans l'obscurité dont je me suis efforcé de les tirer.

Mais si l'anonyme B. n'a pas voulu s'assujettir à ma marche, il me permettra bien sans doute de n'avoir pas plus de complaisance pour lui, et de le ramener à l'arriéré antérieur au premier avril 1814, qui occupe la première place dans mon ouvrage.

« Cet arriéré, nous dit l'anonyme, est bien loin de » nous, et il faut être bien rancunier pour renouveler » ces vieilles querelles sur le montant des créances ar- » riérées »*.

M. le M. d. R. se trompe. Il n'y a point là de

---

* Page 24.

vieille querelle, et pas plus de rancune que dans *le chirurgien qui dissèque un cadavre.

« Le mieux pour le crédit, continue l'anonyme, se-
» rait de se taire enfin, de liquider sévèrement et de
» payer promptement. Mais M. Ganilh est bien loin
» de là, il ne voit ni *obligation ni avantage à trans-*
» *former une dette hypothétique en une dette réelle*,
» ce qui, en français clair et net, veut dire qu'il ne faut
» ni liquider ni payer ».

Si la langue française dit ce que l'anonyme lui fait dire, j'avoue que je n'ai pas exprimé ma pensée; car je suis d'avis qu'il faut liquider non sévèrement, ce qui est absurde, mais justement, et payer promptement; mais je ne croyais pas et je ne crois pas encore que dire qu'on ne doit pas supposer qu'un peuple doit 817 millions, quand on n'en sait rien et surtout prendre des moyens pour les payer, ce fût dire qu'on ne devait ni liquider ni payer. La langue française que j'ai apprise, n'est pas la même sans doute que celle de la finance; mais est-ce ma faute ou celle de l'ancien premier commis des finances.

L'anonyme continue et dit :

» M. G. espère encore voir se réaliser l'assertion du
» Ministre des finances sous le dernier gouvernement,

---

* Page 24.

» que l'arriéré ne s'élevait pas à 250 millions, et cependant il résulte des comptes publiés qu'il a déjà été » payé plus de 500 millions (1) ».

Je ne savais pas qu'en faisant un souhait, on commit une erreur; mais c'est sans doute encore mon ignorance de la langue des finances.

Ce qu'il y a de certain, c'est que, quand d'après les comptes de finance publiés en 1816 par le gouvernement, les seuls qui existassent lorsque j'ai fait mon ouvrage, j'ai dit qu'on n'avait payé au 31 décembre 1815 que ..... 162,100,821, j'ai dit la vérité, et ce qui est remarquable on ne le conteste point.

L'anonyme B. l'a-t-il dite aussi quand il a annoncé qu'il résulte des comptes publiés, qu'il a déjà été payé plus de .... 500 millions.

L'anonyme B. cite en preuve de son assertion les états annexés au budget de 1818 sous les n.os 3, 4 et 6, pages 85, 87 et 91.

Eh bien, l'état 3 ne porte les paiemens effectués sur l'arriéré au premier avril 1814, c'est-à-dire, sur celui dont il est question entre nous, qu'à la somme de .... 259,522,740.

---

(1) Le fait n'est pas exact. Suivant l'état n.° 23, annexé au budget de 1818, page 126, les paiemens sur l'arriéré antérieur au 1.er avril 1814, effectués au 1.er octobre 1817, ne s'élevaient qu'à 304,775,632.

L'état 4 ne parle que des paiemens faits sur l'arriéré des neuf derniers mois de 1814 dont il n'est pas question ici, et il ne les porte qu'à 7,579,740.

Enfin, l'état 6 embrasse tous les arriérés jusqu'au premier janvier 1816, et cependant ne porte tous les paiemens effectués qu'à . . . . 297,112,890.

Les états cités par l'anonyme B. ne disent donc pas ce qu'il leur fait dire ; ils disent tout le contraire : je n'ai donc pas commis la douzième erreur qu'il m'impute ; c'est lui au contraire qui commet une erreur que je ne pourrais spécifier dans notre langue sans manquer aux bienséances, et que je laisserai par conséquent dans le vague du mot générique *erreur*.

Dès qu'il est constant et incontestable que l'anonyme B. est volontairement inexact dans ses citations, toute discussion entre lui et moi devrait être finie. Car entre deux écrivains dont l'un se nomme et par là s'engage à respecter la vérité, et dont l'autre abuse du voile de l'anonyme et dit ce qu'il sait n'être pas vrai, la lutte est trop inégale et trop pénible pour la soutenir. Mais peut-être m'accuserait-on de donner trop d'importance à un écrivain qui n'en a point, et n'en veut point avoir, pusiqu'il se cache : poursuivons malgré ma répugnance pour ce genre de polémique.

Et d'abord posons comme un fait certain que non seulement on n'avait payé au 31 décembre 1815, sur l'arriéré antérieur au 1.er avril, comme je l'ai dit dans mon ouvrage, que... 162 millions.

Mais même que, au premier juillet 1817, l'on n'avait encore payé que .... 259 millions.

Ce qui démontre que l'erreur que l'anonyme B. impute à cette partie de mon ouvrage n'existe point.

Voyons maintenant ce que cet anonyme dit sur les valeurs actives de cet arriéré. Voici comment il s'exprime :

« M. G. affirme que les valeurs actives laissées par » l'ancien gouvernement produisirent 188,163,533 ; il » comprend dans cette somme 81 millions de contribu- » tions de 1814, et 67 millions produit de biens vendus » et recouvrés postérieurement au 1.er avril 1814, y » compris 22 millions pour les bois dont la vente ne fut » ordonnée que par la loi du 23 septembre 1814. Il » n'appartenait de droit à l'arriéré que les soldes encais- » se et les restes de 1812 et 1813. (1) Les contributions » de 1814, les bois à vendre et à recouvrer appartien- » nent à l'année courante; ces imputations de produits » à 1813 ou 1814 sont de peu d'intérêt, car ces exer- » cices sont de fait et de droit réunis et confondus » dans un seul et même arriéré ».

---

* Page 25. L'anonyme devait ajouter, et les contributions des trois premier mois de 1814.

L'anonyme veut ici donner le change sur le sujet du débat. En quoi consiste-t-il ? à savoir si les valeurs actives du dernier gouvernement que le budget du 23 septembre 1814 n'évaluait qu'à 12 millions, avaient produit au 31 décembre 1815, la somme de 188 millions; si cette somme n'est pas supérieure à celle qui, à la même époque, avait été payée sur la dette du dernier trimestre, et si cet emploi n'eût pas été préférable au plan de liquidation et de paiement établi par ce budget pour le paiement d'une dette imaginaire. Voilà bien la question toute entière.

Que répond l'anonyme B. ? Prétend-il que les valeurs actives du dernier gouvernement n'avaient pas produit au 31 décembre 1815, la somme de 188 millions ? non. Il voudrait seulement faire croire qu'il faut en distraire 22 millions qui ne doivent pas en faire partie. Quand il aurait raison, ce que je n'examine pas parce que cela est inutile, il resterait toujours 166 millions dont l'emploi au paiement de l'arriéré passif aurait été plus que suffisant pour acquitter les liquidations faites jusqu'au 31 décembre 1815 qui, comme nous l'avons vu, ne s'élevaient qu'à 162 millions.

Ainsi, point d'erreur de calcul ni de raisonnement à me reprocher sur ce que j'ai dit de l'arriéré antérieur au 1.er avril 1814 : j'ai bien lu, bien compris les comptes; j'ai eu l'esprit juste et l'attention soutenue, et je ne me suis pas égaré dans les visions de la théorie.

A l'examen de cet arriéré, j'ai fait succéder celui du budget des 9 derniers mois de 1814, et j'ai prouvé qu'il y avait eu,

Dans l'évaluation des dépenses, une exagération de. . . . . , ... 65 millions.

Dans celle des ressources une atténuation de. 117

Total 182 millions

Voici ce que l'anonyme dit sur ce point :

« M. G. calcule presque juste. Les recettes de 1814 » *excédèrent les évaluations de 100 millions* environ; mais ce fut en y comprenant ce que M. Ganilh attribue à 1813. Il faut qu'il choisisse entre les » deux reproches, car l'un exclut l'autre ».

Non, les deux reproches ne s'excluent pas; ils n'ont même aucun rapport l'un avec l'autre. Dire que les valeurs actives de l'arriéré n'auraient pas dû être détournées de leur destination naturelle, ce n'est pas dire que l'emploi qu'on en a fait dans le service ordinaire des 9 derniers mois de 1814, n'a pas augmenté les ressources de cet exercice.

C'est une première faute de les avoir détournés de leur destination, parce que cela a donné

(*) Page 26.

lieu à un plan de liquidation et de paiement de l'arriéré tout-à-fait désastreux.

C'est une seconde faute de n'avoir pas tenu compte de ces valeurs actives montant à 188 millions, dans l'évaluation des ressources des neuf derniers mois de 1814, et d'avoir imposé les peuples comme si ces ressources n'avaient pas existé.

Que l'anonyme B. s'agite en tous les sens,

» qu'il dise, que c'est perdre son temps que de disputer
» sur les imputations respectives des recettes et des
» dépenses entre 1813 et 1814, qu'il faut envisager ces
» exercices réunis et confondus pour se faire une juste
» idée de la situation de cette partie des comptes de
» l'arriéré, que si cette réunion préparée par le budget
» de 1814 eût été faite dans les budgets suivans, on
» aurait dissipé une grande obscurité et qu'on m'au-
» rait épargné bien des erreurs! »

Ce sont là des évasions, des subterfuges, des moyens imaginés pour échapper à des conséquences fâcheuses, pour répandre de l'obscurité sur des points trop bien éclaircis; mais personne ne sera la dupe de cette tactique grossière. J'ose espérer que mes calculs seront entendus de tout le monde, parce que mon intention a été qu'ils fussent entendus et compris. J'ose croire

(*) Page 27.

qu'il n'en sera pas de même de ceux que l'anonyme B. voudrait substituer aux miens. Ils ne seront intelligibles pour personne, parce qu'il a voulu que personne ne pût les entendre ni les comprendre.

« L'anonyme B. a gardé le silence sur ce que j'ai dit » de la grandeur des recettes du 1.er avril 1814 au 20 » mars 1815, et du solde en caisse à cette dernière » époque, parce que, a-t-il dit, il faudrait trop de » chiffres, trop de phrases et trop d'ennui sans profit » pour mettre M. Ganilh dans la bonne voie. On » concevra facilement, ajoute-t-il, que si sur des états » si peu compliqués, sur des calculs aussi faciles que » ceux des budgets, sur les propres termes des lois des » 20 avril 1816 et 25 mars 1817, M. Ganilh s'est cons- » tamment trompé, il a dû s'égarer bien davantage » dans le labyrinthe des comptes de gestion, dans plus » de 500 pages de chiffres. Voyons encore quelques » erreurs ».

Est-ce que ces *quelques erreurs que l'anonyme veut encore voir*, ne font pas partie des comptes de gestion et des 500 pages de chiffres dans lesquelles je me suis jété en aveugle ?

Ou l'anonyme n'aurait-il pas renoncé tout-à-fait à l'espoir de me remettre dans la bonne voie?

C'est un problème dont je ne chercherai pas la solution, et cela est assez inutile; car qu'importe ce que dit un écrivain qui, dans le même

(*) Page 34.

§., dit qu'il ne me répondra pas, et ensuite essaie de me répondre. Tant de désordre ne trahit-il pas l'embarras, l'obligation contractée de répondre, et l'impuissance de tenir ses engagemens? Voyons au surplus ces erreurs que l'anonyme B. veut bien prendre la peine de réfuter.

» Le résumé, dit l'anonyme B., annonce que les en-
» caisses étaient au 20 mars 1815, de 76,084,022 ; et
» l'état général, page 17, divise cette somme, en solde
» en caisse . . . . 70,945,267.
» en fonds en route . . . . 5,138,755.

» Somme pareille. . . . . 76,084,022.

» M. Ganilh n'a pas vu la somme de,
» ci 5,138,755,
» parce qu'elle était placée une ligne au-dessus de l'au-
» tre, et aussitôt il répand ses doutes ; il fait bien d'au-
» tres erreurs de cette sorte. »

Admirez l'innocent artifice de l'anonyme! En parlant du résumé, on devait s'attendre qu'il parlerait des variantes que je lui ai reprochées; mais il garde prudemment le silence sur ce point, et par conséquent il convient au moins tacitement que j'ai raison à cet égard.

Mais, pour me punir d'avoir eu raison, il me chicane sur le solde au 20 *mars 1815*, que je n'ai porté qu'à 70,945,67

(*) Page 34.

Tandis qu'il était dû. 76,084,022

Si cela est, l'anonyme B. aurait bien dû m'expliquer comment sa sublimité dans la science des comptes, des calculs et des chiffres, conçoit que dans l'état par lui cité, le solde qui le termine soit porté en deux articles, à. . . . 76,084,022

Et que le même solde qui est porté en tête de l'état général des recettes et des dépenses du 20 mars au 8 juillet 1815, n'est porté qu'à. 70,945,267

Lequel des deux états est exact? Qui est ici dans l'erreur? est-ce le savant anonyme B? est-ce le savant qui a rédigé l'état au 20 mars? C'est l'un ou l'autre, car à coup sûr ce n'est pas moi.

Ainsi l'anonyme B. voit que, s'il est difficile de me mettre dans la bonne voie, il est encore plus difficile de m'en détourner.

CONCLUSION.

J'ai épuisé toutes les objections de l'anonyme B. contre le chapitre 1.er de mon ouvrage, et je crois pouvoir me flatter, sans trop d'aveuglement ou de prévention, que, malgré les efforts combinés de l'anonyme, ancien employé des finances, et de l'anonyme M. d. R., tous deux savans dans l'art sublime des recettes et des dépenses, tout ce que moi, qui n'ai ni l'esprit juste, ni l'attention soutenue, qui font le véritable financier, ai dit dans le chapitre 1.er, est rigoureusement exact, au moins dans les résultats.

Il est maintenant positif que le ministre des finances de 1814, a, sans nécessité et contre l'intérêt national, *transformé une dette hypothétique en une dette réelle et effetive* de 817 millions; appliqué à l'exercice des neuf derniers mois de 1814 les valeurs actives du dernier budget montant à 188 millions; somme qui, si elle n'avait pas été détournée de sa destination, aurait suffi pour acquitter, et au-delà, les liquidations de l'arriéré passif jusqu'au 31 décembre 1815, et qu'à cette époque il aurait été facile de se procurer les sommes nécessaires au paiement des liquidations postérieures.

D'où il résulte que vendre 300,000 hectares de bois de l'état, achever la spoliation des biens des communes, imposer sur les peuples une contribution extraordinaire de 70 millions par an et pendant l'espace de trois ans, créer des obligations du trésor remboursables en trois ans et se faire autoriser à les racheter sur la place, et tout cela pour payer une dette qu'on ne connaissait pas, même par présomption, c'était évidemment tout ce qu'on pouvait imaginer de plus fâcheux pour un pays, de plus funeste à sa richesse, de plus déplorable pour sa prospérité. Ou je me trompe fort, ou il faut quelque chose de plus que des savans en chiffres, en calculs et en comptes po ur branler cette démonstration.

Il est également positif que dans le bugdet de l'exercice des neuf derniers mois de 1814 on a omis les valeurs actives de l'arriéré, qu'on a cependant appropriées à cet exercice; qu'on a atténué l'évaluation des recettes et exagéré l'évaluation des dépenses; et que ces omissions, ces atténuations et ces exagérations ont donné, non comme je l'avais dit d'abord un total de 358 millions, mais celui de . . . . 277 millions.

Réduction qui ne change rien aux conséquences que j'avais déduites, et aux résultats que j'avais tirés de cet excédant de besoins et de ressources.

Enfin il est positif que les erreurs que j'ai fait remarquer sur le solde des recettes et des dépenses du Trésor, dans l'intervalle du premier avril 1814 au 20 mars 1815, n'ont point été dissipées. par les deux anonymes, et j'ai été par conséquent fondé à dire qu'elles devaient fixer l'attention du Gouvernement et des Chambres.

Comment donc l'anonyme B. ose-t-il dire :

« Quand il s'agit de ce que les ministres feront,
» liberté entière.

» Mais quand il s'agit de ce que les ministres ont
» fait, il n'en est plus ainsi.

» Le passé est hors du domaine des conjectures, il
» appartient à l'histoire. La conduite passée d'un mi-
» nistre, les actes de son administration fondent sa ré-
» putation, font sa gloire ou sa honte. En devenant
» ministre, en cessant de l'être, il reste homme, il en
» conserve les droits. Nul n'a l'odieux privilége de le
» harceler, de le flétrir par des assertions hasardées,
» des déclamations mensongères, des accusations ca-
» lomnieuses »

Où l'anonyme B. a-t-il vu, dans l'écrit qu'il réfute, l'intention coupable de nuire ou même de tracasser des ministres en place ou hors de place? Je n'ai dit que ce que les comptes de finance publiés par le gouvernement m'autorisaient à dire, que ce qu'ils disent effectivement. Leur publicité donnait à tous les Français le droit de les examiner, de les discuter, de chercher dans leurs résultats tous les documens de la bonne ou de la mauvaise administration des finances de l'état. L'infaillibilité n'était pas plus un devoir pour le critique que pour le rédacteur des comptes, que pour le ministre dont les comptes retracent les opérations.

(*) Page 37.

Tout ce que la justice et la loyauté commandent au critique, au rédacteur, au ministre, c'est de la bonne foi, des intentions pures, l'observation des convenances; or, personne ne m'a fait encore le moindre reproche sur ce point, et j'ai la conscience de n'en avoir point mérité.

L'anonyme B. s'est-il compris lui-même quand il nous dit que *la conduite passée d'un administrateur, que les actes de son administration fondent sa réputation, font sa gloire ou sa honte!* Est-ce qu'il veut qu'on n'en parle pas, que les contemporains ne les jugent pas, et qu'ils en renvoient le jugement à la postérité! est-ce qu'il voudrait accorder aux ministres hors de place une inviolabilité que nos lois refusent aux ministres en place. A-t-il observé lui-même l'indulgente doctrine qu'il professe aujourd'hui, et *son créancier de l'état* est-il tellement sorti de sa mémoire qu'elle ne lui rappelle plus le cynisme dégoûtant dont il donna l'exemple contre un ancien administrateur dont la conduite passée était irréprochable? ou sa longue habitude des devoirs de commis des finances, aurait-elle tellement assoupli ses facultés, qu'elles ne peuvent pas retrouver leur ressort naturel, même sous un gouvernement constitutionnel. C'est un grand malheur que d'avoir perdu la mémoire et la dignité d'un homme libre, quand on parle à un peuple libre de ses droits et de ses intérêts les plus chers.

Ceci me rappelle une observation du premier anonyme, qui se trouve dans la note de la page 9 de son écrit, note qui m'était échappée et qui ne doit pas être passée sous silence. Voici ce qu'on lit dans cette note :

« L'avantage des peuples, les facultés des peuples,
» les charges des peuples, la sueur des peuples, sont
» des locutions qui se reproduisent perpétuellement
» sous la plume philanthropique de M. G. On ne peut
» douter qu'il n'ait voulu attacher *les peuples* à la
» cause *de la théorie*.

Cet ingénieux rapprochement ne me surprend pas. Il y a encore beaucoup d'esprits plus méchans qu'aveugles, qui séparent la cause de la monarchie de la cause du peuple, qui supposent, dans l'Etat, deux intérêts contraires, et rangent la nation sous deux bannières ennemies. Cette erreur funeste se dissipe chaque jour, et bientôt ne laissera plus de traces après elle ; bientôt tous les Français reconnaîtront qu'il n'y a en France que l'intérêt national, un peuple et un roi, et qu'il est aussi impossible de concevoir même, par la pensée, un roi ayant des intérêts différens de ceux de son peuple, que de supposer qu'un général n'est pas une partie de son armée. Si cette doctrine, qui n'est encore que dans le cœur des Français, n'avait pas été étrangère à celui de l'anonyme, ces locutions qui lui ont paru si propres à décréditer son adversaire, auraient pris une autre couleur à ses yeux. Il aurait senti que s'occuper des intérêts du peuple, d'alléger ses charges, de sécher ses sueurs, c'est seconder les vues du roi, père de son peuple, vouloir l'affermissement de son trône, asseoir la monarchie sur des bases inébranlables. Qui ne voit pas cette relation ou plutôt cette alliance, peut avoir fait beaucoup de chiffres; mais n'a pas les sentimens d'un Français.

Nota.

Je suis forcé de suspendre la réfutation que j'ai commencée. Les travaux de la Chambre, et surtout ceux de la commission du budget, dont j'ai l'honneur d'être membre, ne me permettent pas de la continuer. Mais n'aurais-je pas dû attendre qu'elle fût finie pour la publier? Sans doute, elle eût été moins défectueuse, parce qu'elle aurait été faite avec moins de précipitation; mais n'ai-je pas dû sacrifier cet avantage à celui de préserver l'opinion publique du piége qu'on lui a tendu, et des insinuations perfides par lesquelles on s'est flatté de l'égarer? Si, comme je me le persuade, j'ai détruit toutes les erreurs de calcul et de raisonnement reprochés au chapitre 1.er de mon ouvrage, le public n'en tirera-t-il pas la conséquence qu'il doit suspendre son jugement sur les erreurs reprochées aux autres chapitres, et n'en conclura-t-il pas que je ne suis pas aussi mauvais *déchiffreur* des comptes de finance, qu'on s'est efforcé de le lui faire croire. Tel sera, n'en doutons pas, l'effet de la publication partielle que je fais en ce moment, et cet espoir m'a déterminé à la faire, et doit me justifier de l'avoir faite.

FIN.

www.ingramcontent.com/pod-product-compliance
Lightning Source LLC
LaVergne TN
LVHW020419230826
846091LV00004B/1332
9782013553797